# Das Deutschbuch

für die Fachhochschulreife
für das Berufskolleg Baden-Württemberg



## Prüfungsvorbereitung

Arbeitsheft mit Lösungen

Herausgegeben von
Martina Schulz-Hamann

Erarbeitet von
Gabriele Harff-König, Kerstin Lutter, Petra Pascher,
Britta Schmitz, Martina Schulz-Hamann
in Zusammenarbeit mit der Verlagsredaktion

Cornelsen

# INHALTSÜBERSICHT

# Anstelle eines Vorworts

## Die Aufgabe? – Die Aufgabe!

„Mir fällt nichts ein“, „Die Aufgabe spricht mich nicht an“, „Der Text packt mich nicht“ – solche Gedanken können bisweilen auftauchen, wenn Sie einen Text verfassen müssen. Mittlerweile haben Sie den Stift beinahe durchgebissen und noch immer fällt Ihnen kein Wort ein. Wenn Sie dieses Problem nicht kennen, dann überschlagen Sie dieses Kapitel. Sollte es Ihnen jedoch bekannt vorkommen, benötigen Sie vielleicht einen neuen Zugang zu dem vorliegenden Text.
Probieren Sie es einmal auf diese Weise: Geben Sie den Text in das Programm www.wordle.net/create ein (kostenloser Zugriff) und variieren Sie die Möglichkeiten, die Ihnen das Programm bietet. Sie können mit Farben und Schriftarten spielen, horizontale oder vertikale Varianten auswählen. Die folgenden Beispiele zeigen Ihnen, wie der erste und der zweite Abschnitt zu Eduard Schallücks Kurzgeschichte (vgl. S. 50–53) zu einer Begriffswolke umgestaltet werden können:

1. Abschnitt

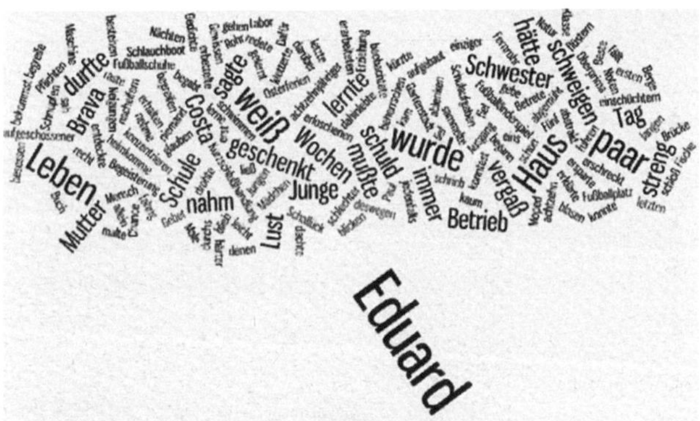


2. Abschnitt

**1** *Betrachten Sie die beiden Texte und wählen Sie denjenigen aus, der Sie mehr anspricht.*

**2** *Schreiben Sie Ihre spontanen Assoziationen zu dem gewählten Text auf. Dabei können Ihnen die folgenden Kritierien eine erste Orientierung bieten: Druckgröße und Anordnung bzw. Gruppierung der Wörter.*

**3** *Vergleichen Sie die vorliegenden Varianten mit Ihren eigenen Beispielen. Vielleicht haben Sie Lust, auch einen anderen Textbaustein einzugeben. Probieren Sie es aus.*

**4** *Überlegen Sie sich weitere Möglichkeiten, einen Text kreativ zu verändern.*

## Eine inspirierende Arbeitsatmosphäre schaffen

Auch eine Veränderung Ihrer unmittelbaren Umgebung kann Ihnen helfen, Denkblockaden zu überwinden. Warum gehen Sie also nicht mit der Aufgabe, die Sie gerade beschäftigt, an einen anderen Ort? Ein angenehmer Schreibplatz kann erheblich dazu betragen, Sie zu inspirieren und Ihren Geist zu beflügeln.

**1** *Überlegen Sie, an welchem Ort Sie besonders ungestört sind und kreativ sein können.*

## Hürden nehmen

Es ist schwer, auf Anhieb einen perfekten Text zu schreiben. Deshalb ist es oft hilfreich, sich dem Text schrittweise zu nähern.

**Schritt 1**
Sammeln Sie zunächst einmal Ihre ersten Gedanken. Sie können diese niederschreiben oder auch in Form einer Mindmap visualisieren.

**Schritt 2**
Prüfen Sie, welche Aspekte im Text näher untersucht werden müssen. Dazu sollten Sie die Aufgabe nochmals genau lesen. Untersuchen Sie anschließend den Text unter diesen Aspekten.

**Schritt 3**
Formulieren Sie als Fazit Ihrer Untersuchungen eine These. Je kürzer und griffiger dieser Satz ist, desto eher werden Sie einen roten Faden für Ihren Aufsatz finden.

**Schritt 4**
Erstellen Sie eine Gliederung für Ihren Text, indem Sie Ihre bisherigen Arbeitsergebnisse (besonders aus Schritt 2) ordnen.

**Schritt 5**
Formulieren Sie den Text auf der Grundlage Ihrer Gliederung.

**Schritt 6**
Überarbeiten Sie Ihren Text in drei gesonderten Durchgängen:
a) sprachliche Richtigkeit,
b) sachliche Richtigkeit und
c) Aufbau bzw. logische Verknüpfung.

# KAPITEL 1

# Kommunikation: Dialoganalyse

## Die Aufgabe

**Analysieren Sie den Dialog unter Einbeziehung kommunikationstheoretischer Aspekte. Berücksichtigen Sie besonders folgende Punkte.**
- **Beurteilen Sie das sprachliche Verhalten der Kommunikationspartner unter Einbeziehung des Inhalts- und Beziehungsaspektes.**
- **Bestimmen Sie, ob eine symmetrische oder komplementäre Kommunikation vorliegt und erläutern Sie die Konsequenzen.**

## Die Aufgabe verstehen

Diese Überlegungen helfen Ihnen, die Aufgabe zu bearbeiten:
- den wesentlichen Inhalt des Dialogs wiedergeben und dessen Entwicklung analysieren
- die sprachlichen Mittel und ihre Wirkung bestimmen
- den Inhalts- und Beziehungsaspekt untersuchen
- die Beziehung der Personen zueinander beschreiben und analysieren
- die komplementäre oder symmetrische Anlage des Dialogs untersuchen
- die Intention des Textes darstellen (Problemgehalt, Gesellschaftsbezug)

## Die Analyse vorbereiten

**1** *Lesen Sie den Text.*

### Walter Benjamin / Wolf Zucker: Gehaltserhöhung?! Wo denken Sie hin! (1930)

[...] **CHEF** *brummig* Herein!

*Es klopft noch einmal.*

**CHEF** *brummig* Herein doch! Wie oft soll ich noch brüllen.

**ZAUDERER** *hastig und ängstlich* Ach, entschuldigen Sie, Herr Direktor, ich wollte nicht stören, – wenn Sie einen Augenblick Zeit haben.

**CHEF** Sehr gut, daß Sie von allein kommen. Ich muß mit Ihnen reden. So geht das nicht weiter. Hier habe ich den ganzen Tisch voll Reklamationen, hier aus Leipzig, aus Erlangen, hier aus Elburg und hier sogar aus Magdeburg, von unserem besten Kunden. So geht das nicht weiter. Reklamationen und Beschwerden, den ganzen Tag geht das so. Dem einen schicken Sie zu viel, dem andern zu wenig, der Magdeburger bekommt die Lieferung in Rechnung gestellt, die vor drei Monaten bezahlt worden ist. Also, wie denken Sie sich das, Herr Zauderer?

**ZAUDERER** *immer verwirrter* Ja, ich weiß nicht, ich habe morgens ja schon ein paar Sachen in der Post gesehen, aber ich kann mir gar nicht erklären, woran das liegt.

**CHEF** Also nehmen Sie es mir nicht übel. Das ist der Höhepunkt: Wozu sind Sie denn hier, wenn nichts klappt?

**ZAUDERER** Ja, ich weiß nicht, Herr Direktor, der neue Buchhalter macht Fehler über Fehler. Sie wissen doch, ich sitze ganze Nächte lang hier und arbeite die Belege durch. Sie können mir doch nicht Nachlässigkeit vorwerfen.

**CHEF** *ärgerlich, aber nicht ungeduldig* Also, lieber Herr Zauderer, ich will Ihnen mal was sagen. Setzen Sie sich dahin. So. Ich weiß, Sie sind ein vernünftiger Mensch, und ich weiß auch, daß Sie mich nicht betrügen. Deshalb halte ich Sie doch auch so lange in unserem Betriebe. Aber nun versetzen Sie sich mal in meine Lage: Ich habe den ganzen Tag, sooft die Post kommt, nichts als Ärger. Und was können Sie mir antworten: Ich bin nicht schuld, der Buchhalter macht Fehler. Sie wissen nicht, was gespielt wird. Und damit soll ich mich zufrieden geben? Sagen Sie selbst.

**ZAUDERER** Ja, da kann ich nichts antworten. Ich tue doch alles, um es besser zu machen. Mehr kann man doch nicht tun!

**CHEF** Das weiß ich nicht. Das ist Ihre Sache. Meinetwegen brauchen Sie nur zwei Stunden am Tag hier zu sein. Aber die Sache muß klappen. Das müssen Sie doch einsehen!

**ZAUDERER** Jawohl. – Aber, aber – *er zögert* – ich wollte ...

**CHEF** *etwas erstaunt* Ja, was ist denn noch dazu zu sagen?

**ZAUDERER** Dazu nichts, Herr Direktor, aber ...

**CHEF** Ja, das ist mir aber das Wichtigste. Alles andere ist mir egal.

**ZAUDERER** Ich wollte, ... ich wollte um Gehaltserhöhung bitten!

**CHEF** Was, das auch noch! Aber da hört denn doch Verschiedenes auf. Ich muß Ihnen seit Wochen Vorwürfe machen und Sie fordern Gehaltserhöhung?

**ZAUDERER** Ja, Herr Direktor, ich wollte ja nicht stören, aber ich komme mit meinem Gehalt nicht aus. Ich wollte um Zulage bitten.

**CHEF** Es ist mir unbegreiflich, wie Sie sich das vorgestellt haben. Gehaltserhöhung? Jetzt? In dieser Zeit? Und gerade Sie! Unverständlich!

**ZAUDERER** Herr Direktor, ich dachte ... jetzt ... ich wollte ja nur fragen, ob vielleicht, verstehen Sie doch bitte, daß ich mit diesem Gehalt nicht reichen kann.

**CHEF** Lieber Herr Zauderer, ich will Ihnen mal was sagen: Gehaltserhohung kommt überhaupt nicht in Frage. Erstens ist jetzt wirklich keine Zeit dazu, zweitens bin ich mit Ihren Leistungen in letzter Zeit durchaus nicht zufrieden und drittens möchte ich Ihnen sagen, daß ich auch nur mit besonderer Rücksicht auf Sie von einem Abbau abgesehen habe.

**ZAUDERER** *etwas beleidigt* Ja, dann kann ich wohl gehen. Ich hatte ja gehofft, daß Sie, Herr Direktor, mich mehr verstehen würden. Wenn Ihnen es nicht genügt, wie viel ich arbeite, so muß ich wohl die Stellung in Ihrem Hause aufgeben.

**CHEF** *besänftigend* Reden Sie doch keinen Unsinn, Herr Zauderer. Ich sagte ja, daß ich persönlich nichts gegen Sie habe. Seien Sie doch nicht töricht, warum wollen Sie hier bei mir nicht bleiben. Woanders finden Sie jetzt bestimmt kein Unterkommen.

**ZAUDERER** *weinerlich* Ja, Herr Direktor, verzeihen Sie bitte, aber seit ich hier bin, werde ich ungerecht behandelt. Herr Meier, der mit mir zusammen in die Firma trat, verdient heute schon 70 Mark mehr als ich.

**CHEF** Na und. Die Gehaltszumessung ist doch wohl meine Sache. Lieber Freund. Ich rate Ihnen gut, machen Sie Ihre Arbeiten richtig und zuverlässig wie Herr Meier, dann werden Sie sich nicht ungerecht behandelt fühlen.

**ZAUDERER** Ja, ich tue doch ...

**CHEF** *sofort* Ich denke doch, daß wir damit die Unterhaltung abbrechen können. Guten Morgen!

**ZAUDERER** *ängstlich* Guten Morgen. *Eine Tür wird zugeschlagen.* [...] R

## Inhaltsangabe und Aufbau des Textes verstehen

**1** *Fassen Sie den Dialog kurz zusammen.*

**2** *Gliedern Sie den Dialog unter Angabe der Zeilen in Abschnitte und formulieren Sie jeweils eine Überschrift.*

**3** *Welche Ziele verfolgen die Gesprächspartner zu Beginn des Dialogs und erreichen sie diese am Ende des Gesprächs?*

*a)* Chef

*b)* Zauderer

**4** *Untersuchen Sie, welche Informationen auf der Sachebene (vgl. Basiswissen) übermittelt werden?*

## Analyse der sprachlichen Form

**1** *Analysieren Sie die Sprache des Chefs.*

*a)* Untersuchen Sie den Satzbau und die Anredeform.

*b)* Welche Wirkung erzielt er damit bei seinem Angestellten?

**2** *Analysieren Sie die Sprache von Herrn Zauderer.*

*a)* Untersuchen Sie die Satzanfänge, die Anredeform und die Wiederholungen.

___

___

___

*b)* Welche Wirkung erzielt er damit bei seinem Chef?

___

*c)* Warum gelingt es ihm nicht, seinen Chef zu überzeugen?

___

___

___

___

**Basiswissen** | **Die Kommunikationstheorie Watzlawiks / Auswahl**

*Jedes Verhalten in Kommunikationssituationen ist immer zugleich Ursache und Wirkung.*
*Jede Kommunikation hat einen Inhalts- und einen Beziehungsaspekt.*

Der **Inhaltsaspekt** umfasst die Übermittlung von Informationen, Daten und Fakten und präsentiert die **Sachebene**, auf der Kommunikation stattfindet. Konflikte in diesem Bereich sind relativ leicht zu lösen, da sie sich auf sachliche Probleme beziehen und dadurch meist durch Argumentation schnell zu beheben sind.
Der **Beziehungsaspekt** bringt die zwischenmenschliche Beziehung zwischen Sender und Empfänger zum Ausdruck (Beziehungsebene). Der Sender einer Mitteilung übermittelt dem Empfänger nicht nur Sachinformationen (Inhaltsaspekt), sondern auch immer eine Definition seiner selbst (Beziehungsaspekt). Hier werden die Gefühle der Kommunikationspartner und ihr Verhältnis zueinander offenkundig, wie z. B. Sympathie, Antipathie, Wertschätzung, Vertrauen oder auch Angst. Dabei geben besonders **analoge (nonverbale) Signale** wie Mimik und Gestik Hinweise darüber, wie eine Mitteilung aufgefasst werden kann.

**Symmetrische und komplementäre Kommunikation**
Wenn Menschen miteinander kommunizieren, können sie in einer **symmetrischen** oder **komplementären Beziehung** zueinander stehen. Im ersten Fall sind die Gesprächspartner **gleichrangig**. Ist das Verhältnis komplementär angelegt, dann nimmt je einer der Gesprächspartner die **höherrangige Primärposition** und der andere die **untergeordnete Sekundärposition** ein.
Komplementäre Beziehungen beruhen auf kulturell oder gesellschaftlich akzeptierten Rollenkonstellationen (Lehrer/Schüler, Mutter/Kind) und geben keinen Hinweis darauf, dass die Gesprächspartner stark oder schwach sind. Rollen werden uns oft durch soziale Normen des Zusammenlebens und formale Beziehungen aufgezwungen. Meist sind dies dann hierarchische Rollenkonzepte, wie z. B. Vorgesetzte/-r und Untergebene im Betrieb.

## Analyse der Personenkonstellationen im Gesprächsverlauf

**1** ***Untersuchen Sie die analogen Kommunikationssignale der Dialogpartner im Verlauf des Gesprächs.***

*a)* Ordnen Sie alle Regieanmerkungen in chronologischer Reihenfolge in die Tabelle ein (mit Zeilenangabe).

*b)* Was sagen diese analogen Kommunikationssignale über die jeweiligen Befindlichkeiten der Gesprächspartner im Gesprächsverlauf aus?

| **Zauderer** | **Chef** |
|---|---|
| Regieanweisung – Befindlichkeit | Regieanweisung – Befindlichkeit |
| | |
| | |
| | |
| | |
| | |
| | |

**2** ***Untersuchen Sie, ob die Gesprächspartner den Dialog auf der gleichen Ebene (Sach- oder Beziehungsebene) führen.***

**3** ***Untersuchen Sie die Redeanteile der Gesprächspartner. Handelt es sich um eine symmetrische oder eine komplementäre Kommunikation?***

**4** ***Welche Strategie hätte Zauderer anwenden müssen, um sein Anliegen durchzusetzen.***

## Die Intention des Textes darstellen (Problemgehalt, Gesellschaftsbezug)

**1** *Welches Problem wird in diesem Dialog aufgezeigt?*

**2** *Recherchieren Sie.*

*a)* Welche wirtschaftlichen und politischen Umstände herrschten zur Entstehungszeit dieser Geschichte?

*b)* Welche Medien gab es zur Entstehungszeit dieses Dialogs?

**3** *Walter Benjamin hat diesen Dialog als Radiohörspiel verfasst. Stellen Sie Vermutungen an, welche Zielgruppe er durch dieses Medium erreichen wollte.*

**4** *Welche Intention hat der Autor? (Berücksichtigen Sie dabei Ihre Ergebnisse aus den Aufgaben 2 a) und b).)*

## Die Analyse schreiben

**1** *Schreiben Sie die komplette Dialoganalyse unter Einbeziehung kommunikationstheoretischer Aspekte, indem Sie die einzelnen Antworten miteinander verknüpfen. Verwenden Sie dazu ein gesondertes Blatt.*

**2** *Überprüfen und überarbeiten Sie Ihre Analyse anhand der folgenden Checkliste.*

## Checkliste

**Einleitung**

- ☐ Habe ich im Einleitungssatz Autor, Titel, Erscheinungsjahr und Textform genannt?
- ☐ Habe ich die Thematik und das Ziel des Gesprächs benannt?
- ☐ Habe ich die Gesprächspartner genannt?

**Hauptteil**

- ☐ Habe ich die Sach- und Beziehungsebene analysiert und interpretiert?
- ☐ Habe ich den Gesprächsverlauf beschrieben und analysiert?
- ☐ Habe ich dabei die Sprache analysiert und besonders auffallende Merkmale genannt?
- ☐ Habe ich das Verhältnis der Gesprächspartner untersucht (symmetrisch/komplementär)?
- ☐ Habe ich die Redeanteile der Personen untersucht und interpretiert?

**Schluss**

- ☐ Habe ich dargelegt, ob die Gesprächspartner ihr Gesprächsziel erreicht haben?
- ☐ Habe ich die mögliche Intention des Autors genannt und begründet?
- ☐ Habe ich dabei die politische und wirtschaftliche Lage der Entstehungszeit berücksichtigt?

## Textrevision: Eine Analyse überarbeiten

Die folgenden Sätze sind verschiedenen Schülerarbeiten entnommen und fehlerhaft. Korrigieren Sie die inhaltlichen Fehler. Verwenden Sie ein gesondertes Blatt.

*„Der Dialog beschäftigt sich ausschließlich mit dem Thema Gehaltserhöhung.“*

*„Die Anrede ‚Lieber Herr Zauderer‘ zeigt, dass der Chef ein freundschaftliches Verhältnis zu seinem Angestellten hat. Daher ist auch davon auszugehen, dass die Gesprächspartner eine symmetrische Beziehung haben.“*

*„Herr Zauderer stimmt mit den Aussagen seines Chefs überein, da er insgesamt achtmal seine Redebeiträge mit ‚Ja‘ und ‚Jawohl‘ beginnt.“*

## Mein persönlicher Lerncheck

Schätzen Sie Ihren Lernstand in Hinblick auf die Aufgabe „Dialoganalyse unter Einbeziehung kommunikationstheoretischer Aspekte“ ein.
Schreiben Sie die Vorlage zum persönlichen Lerncheck von der vorderen Umschlagseite des Arbeitsheftes ab und füllen Sie diese aus.

## Weiterschreiben

Wenn Sie nach einer weiteren Trainingsmöglichkeit für eine Dialoganalyse suchen, dann analysieren Sie den folgenden Text unter Einbeziehung kommunikationstheoretischer Aspekte:

### Walter Benjamin / Wolf Zucker: Gehaltserhöhung?! Wo denken Sie hin! (1930)

[...]

**CHEF** 'n Morgen, was gibt es Gutes, lieber Frisch?

**FRISCH** Darf ich einen Augenblick stören?

**CHEF** Was gibt es denn, hoffentlich nichts Unangenehmes? [...]

**FRISCH** – Darf ich mich setzen? Danke sehr. – Nein, die neuen Verbuchungen bewähren sich ausgezeichnet. Jeder Abruf vom Lager bekommt jetzt seine eigene Buchung, die vom Verwalter gezeichnet sein muß. [...]

[...]

**CHEF** Na hoffentlich, jedenfalls war es sehr vernünftig von Ihnen, sich da mal um die Expedition zu kümmern.

**FRISCH** Ja, das werde ich auch weiter tun.

**CHEF** Schön, ist das alles, was Sie mir sagen wollten?

**FRISCH** Nein, wenn Sie erlauben, ich habe noch eine Privatangelegenheit.

**CHEF** Was? Muß das jetzt sein? Sie sehen doch, ich habe den ganzen Tisch voll Post liegen, ich bin noch gar nicht zum Lesen gekommen.

**FRISCH** Ach, das tut mir leid. Aber ich will Sie nicht lange aufhalten. Nachher kommen doch die Herren vom neuen Werk in Zwickau, da ist dann sowieso keine Zeit. [...]

**CHEF** Ja, ja, sehr wichtig. Mir liegt sehr viel an dem Abschluß. Wir müssen das durchsetzen.

**FRISCH** Sie können sich auf mich verlassen, Herr Direktor.

**CHEF** Schön, also was gibt es bei Ihnen?

**FRISCH** Ja, – ich möchte um Gehaltserhöhung bitten.

**CHEF** Na, erlauben Sie mal, jetzt kommen Sie damit? Das finde ich ja sehr merkwürdig.

**FRISCH** Das tut mir leid, daß Sie das überrascht. Aber ich glaube, daß meine Arbeitskraft mehr wert ist, als Sie bisher dafür bezahlen.

**CHEF** Ich verstehe Sie gar nicht, Sie wissen doch selbst, daß wir dauernd abbauen, daß wir mit 25 % mehr Personal arbeiten, als wir uns eigentlich leisten könnten, und da kommen Sie mit Gehaltserhöhungswünschen.

**FRISCH** Herr Direktor, wir können doch bitte in vollkommener Ruhe darüber sprechen. Ich möchte Ihnen sagen, warum ich mehr Geld brauche und warum ich glaube, daß die Firma mir mehr zahlen kann. Und wenn Sie anderer Ansicht sind, so bitte ich Sie, mir das zu erklären.

**CHEF** Ach was, Gründe. Wie viel Geld ich meinen Angestellten zahle, ist doch meine Sache. Sie wissen, daß ich durchaus für die Wünsche meiner Leute ein Ohr habe, aber so dürfen Sie mir nicht kommen.

**FRISCH** Wieso, Herr Direktor? Sie haben doch immer zu mir Vertrauen gehabt, wir haben doch die ganzen letzten Verhandlungen gemeinsam besprochen. Ich bitte doch nur, auch zu Ihnen das Vertrauen haben zu können, daß ich mit Ihnen über meine Dinge spreche. Nicht wahr?

[...] R

# KAPITEL 2

# Redeanalyse

## Die Aufgabe

**Analysieren Sie die Rede von Ursula von der Leyen zur Eröffnungskonferenz für das Europäische Jahr der Chancengleichheit für alle 2007.**

## Die Aufgabe verstehen

Diese Überlegungen helfen Ihnen, die Aufgabe zu bearbeiten:

- Ort, Zeit, Anlass der Rede notieren und die Zielgruppe bestimmen
- die Hauptgedanken wiedergeben
- die Argumentationsstruktur in groben Zügen darstellen
- die sprachlichen Mittel benennen und ihre Funktion bzw. beabsichtigte Wirkung erklären
- die rhetorischen Strategien analysieren
- die Intention des Redners/der Rednerin darstellen
- Inhalt, Form und Wirkung abschnittsweise erläutern
- die Rede bewerten

**Ursula von der Leyen** (CDU) ist seit 2005 Bundesministerin für Familie, Senioren, Frauen und Jugend.

## Die Redeanalyse vorbereiten

**1** *Lesen Sie die Rede.*

### Ursula von der Leyen: Rede zur Eröffnungskonferenz für das Europäische Jahr der Chancengleichheit für alle 2007 am 30. Januar 2007, Berlin

[...], sehr geehrte Teilnehmerinnen und Teilnehmer, ich begrüße Sie herzlich hier in Berlin und freue mich sehr, dass Sie zusammen mit mir das Europäische Jahr der Chancengleichheit für alle 2007 eröffnen. Gleichzeitig ist dies der erste Europäische Gleichstellungsgipfel. Dass so viele hochrangige Vertreterinnen und Vertreter aus den Reihen der Politik, der Zivilgesellschaft, der Wissenschaft und der Wirtschaft hier anwesend sind, macht deutlich, welche Bedeutung Chancengleichheit hat: in Deutschland und in Europa.

Was ist eigentlich Chancengleichheit? [...]

In menschlichen Gesellschaften bekommen Menschen Chancen von anderen Menschen. Die Demokratie ist eng mit der Idee einer gerechten Verteilung von Chancen im Leben verknüpft. Wir empfinden fehlende Chancengleichheit als ungerecht und bemühen uns um den Abbau von Benachteiligungen. Das Verbot von Diskriminierung ist aus gutem

Grund in den Menschenrechten festgeschrieben.

Aber was genau ist Chancengleichheit?

- Wenn bei einem Galopprennen alle gleichzeitig starten?
- Wenn alle Jockeys dabei das gleiche Gewicht auf die Waage bringen?

Die Forderung nach Chancengleichheit lenkt den Blick auf die Unterschiede. Menschen sind verschieden. Sie sehen unterschiedlich aus, sie haben unterschiedliche Lebensmuster, verschiedene Stärken und Schwächen und unterschiedliche Überzeugungen. Chancengleichheit heißt auch: Anerkennung von Verschiedenheit und Wertschätzung von Vielfalt und die Entfaltung der Fähigkeiten jedes Einzelnen in seiner/ihrer individuellen Einzigartigkeit. Zum Glück ist unsere Gesellschaft kein Galopprennen. Wer nicht der Schnellste ist, kann seine – oder ihre – Fähigkeiten woanders einbringen.

Antwort auf Vielfalt ist nicht die Forderung nach künstlichen Handicaps, sondern nach einer optimalen Nutzung der Potentiale – von Alt und Jung, von Männern und Frauen, von Menschen mit verschiedenen ethnischen und religiösen Hintergründen. Es genügt nicht zu sagen: Alle sollen die gleichen Chancen haben. Wir müssen uns auch fragen, wie wir mit denjenigen umgehen, die objektiv schlechtere Ausgangsbedingungen vorfinden.

Die Europäische Union hat mit ihren Anti-Diskriminierungs-Richtlinien darauf rechtliche Antworten gegeben. Sie haben in den letzten Jahren spürbare Veränderungen im nationalen Recht in den Mitgliedsstaaten der EU initiiert. Rechtlicher Schutz vor Diskriminierung ist wichtig. Vielfalt akzeptieren heißt aber nicht nur: Richtlinien akzeptieren. Vielfalt akzeptieren heißt vor allem: Menschen akzeptieren. Chancengleichheit ist noch vor jedem Gesetz eine Frage des Verhaltens und der Mentalität.

[...]

Die Europäische Union hat das Jahr 2007 zum Europäischen Jahr der Chancengleichheit für alle erklärt. Wir möchten das Jahr dazu nutzen, Chancengleichheit und Vielfalt gemeinsam in den Mittelpunkt zu rücken. Ich will das an vier Gruppen in unserer Gesellschaft verdeutlichen: den Älteren, den Jugendlichen, den Zugewanderten und den Frauen.

[...]

Die gleichberechtigte Teilhabe von Frauen und Männern im Berufs- und Familienleben bleibt eine der ganz wesentlichen Aufgaben einer Politik der Chancengleichheit für alle. Auch wenn wir in den vergangenen Jahrzehnten auf diesem Gebiet schon viel erreicht haben: Nach wie vor ist der Handlungsbedarf offensichtlich.

Viel erreicht – damit meine ich beispielsweise die Bildungschancen von Mädchen und jungen Frauen. Frauen sind heute ebenso gut ausgebildet wie Männer. Auch der Anteil der erwerbstätigen Frauen und Mütter steigt. Das schafft neue Möglichkeiten der Lebensgestaltung.

Die Teilhabe von Frauen am Erwerbsleben beleuchtet aber auch weiter bestehende Ungleichheiten: bei den Karrierechancen etwa die gläserne Decke, wenn es um Fürsorge für Kinder und Ältere geht. Bei Führungspositionen in Wirtschaft oder Wissenschaft sind Frauen trotz gleicher Qualifikation weit unterrepräsentiert. Das Prinzip „gleicher Lohn für gleiche und gleichwertige Arbeit" ist eine europäische Verpflichtung. Aber noch lange nicht europäische Wirklichkeit. [...]

Wir müssen es schaffen, dass junge Frauen – und junge Männer – Beruf und Familie in Einklang bringen können. Die Schwierigkeiten bei der Vereinbarkeit von Berufs- und Privatleben drängen auf der einen Seite Mütter aus dem Arbeitsmarkt und tragen auf der anderen Seite zu sinkenden Geburtenraten bei.

In diesen Kontext gehören aber auch SEINE Fragen nach Vereinbarkeit von Beruf und Familie. Wir müssen die Verantwortung der Väter in der Kindererziehung und der Söhne in der Pflege ihrer Eltern thematisieren. Immer mehr Unternehmen sind sich heute schon der Tatsache bewusst, dass Vielfalt eine Chance bedeutet. [...]

## Die Rede verstehen

**Basiswissen** | **Redeanalyse**

Bei der Analyse einer Rede sind folgende Fragen grundlegend:
- Was steht in der Rede? (Inhalt und Argumentationsstruktur)
- An wen richtet sich die Rede? (Zielgruppe)
- Wie hat der Redner wichtige Teile der Rede sprachlich gestaltet? (Form)
- Welche Wirkung will er mit der inhaltlichen und formalen Gestaltung erzielen? (Funktion)

Zudem bewerten Sie die Qualität der Rede in Form eines Sachurteils (bezogen auf die objektiven Gestaltungskriterien) oder eines Werturteils (unter Einbezug der persönlichen Meinung).

**1** *Formulieren Sie das Thema der Rede in einem Satz.*

**2** *Beantworten Sie folgende Fragen:*

*a)* Wer ist die Rednerin und welches Amt bekleidet sie?

*b)* Was ist der Anlass der Rede?

*c)* Wo wird die Rede gehalten?

*d)* Welche Sprache verwendet die Rednerin? Achten Sie auch auf den Satzbau.

**3** *Stellen Sie aus den oben notierten Informationen Vermutungen über die Zielgruppe an.*

**4** *Unterstreichen Sie die Kernaussagen der Rede, unterteilen Sie die Rede in Sinnabschnitte und geben Sie jedem Abschnitt eine Überschrift. Nutzen Sie dafür die rechte Spalte des Textes.*

**5** *Markieren Sie die Thesen, die wichtigsten Argumente und Belege (vgl. S. 33 und S. 39) mit unterschiedlichen Farben.*

**6** *Bewerten Sie, wie überzeugend die Argumente wirken.*

**7** ***Untersuchen Sie die sprachliche Gestaltung der Rede.***

*a)* Markieren Sie die verwendeten sprachlichen Mittel im Redetext.

*b)* Notieren Sie deren Funktion bzw. die beabsichtigte Wirkung stichpunktartig in der linken Spalte.

## Basiswissen – Rhetorische Strategien

Aufwertung der eigenen Position, z. B. indem

- eine Wir-Gruppe gebildet wird, um ein Zusammengehörigkeitsgefühl zu erzeugen
- Angebote gemacht werden und Verantwortung übernommen wird, um guten Willen zu zeigen
- rationale Begründungen/Faktenargumente angeführt oder Autoritätsargumente eingesetzt werden, um zu überzeugen
- Ziele offengelegt werden, um zu motivieren
- aufwertende Begriffe oder bildhafte Ausdrücke aus positiv besetzten Bereichen verwendet werden, um positive Assoziationen zu erzeugen
- nur günstige Aspekte der Thematik dargestellt werden, um Positives hervorzuheben

Abwertung anderer/gegnerischer Positionen, z. B. indem

- dem Gegner Schuld zugewiesen wird, um sich selbst besser positionieren zu können
- abwertende Begriffe oder bildhafte Ausdrücke aus negativ besetzten Bereichen verwendet werden, um negative Assoziationen zu erzeugen
- Uneinigkeit in der gegnerischen Gruppe und fehlende Ziele unterstellt werden, um den Gegner als handlungs- und entscheidungsunfähig darzustellen
- gegnerische Aussagen verzerrt bzw. verkürzt werden, um sie abzuwerten
- Angst verbreitet wird und Übertreibungen eingesetzt werden (Dramatisierung), um sich Aufmerksamkeit zu sichern

Beschwichtigung und Ablenkung vom Thema, z. B. indem

- kritische Entwicklungen nicht angesprochen bzw. als unabwendbar dargestellt werden, um heiklen Fragen zu entgehen
- abwägende, einschränkende Formulierungen genutzt und kritische Sachverhalte beschönigt werden, um sie zu relativieren bzw. zu verharmlosen

Der Redner/Die Rednerin wählt die rhetorischen Figuren je nach seiner/ihrer rhetorischen Strategie. So werden z. B. Euphemismen eingesetzt, um kritische Sachverhalte zu beschönigen, Hyperbeln werden verwendet, um zu dramatisieren. Abwertende Metaphern dienen dazu, die Gegner zu brandmarken. (s. auch Übersicht „Rhetorische Figuren“, hintere Umschagseite)

**8** ***Schreiben Sie Beispiele für die eingesetzten rhetorischen Strategien heraus und ordnen Sie diese in die folgende Tabelle ein.***

| Aufwertung | Abwertung | Dramatisierung | Beschwichtigung |
|---|---|---|---|
| „Wir empfinden fehlende Chancengleichheit als ungerecht […].“ (Z. 16 f.) | | | |
| | | | |
| | | | |
| | | | |
| | | | |

**9** *Werten Sie die Übersicht aus.*

*a)* Welche Strategie setzt die Rednerin vermehrt ein? Welches Ziel verfolgt sie dabei?

______________________________________________

______________________________________________

______________________________________________

______________________________________________

*b)* Welche Absicht verfolgt Ursula von der Leyen mit ihrer Rede?

______________________________________________

______________________________________________

**10** *Beurteilen Sie die folgenden Aussagen über die Rede von Ursula von der Leyen.*

Das Thema passt zum Anlass.
☐ zutreffend ☐ nicht zutreffend ☐ nicht durchgängig zutreffend

Die Rednerin hat gute Argumente gebracht.
☐ zutreffend ☐ nicht zutreffend ☐ nicht durchgängig zutreffend

Die Rednerin kann ihre Meinung überzeugend vertreten.
☐ zutreffend ☐ nicht zutreffend ☐ nicht durchgängig zutreffend

Die Rede ist für die Zielgruppe verständlich gestaltet.
☐ zutreffend ☐ nicht zutreffend ☐ nicht durchgängig zutreffend

Die rhetorischen Figuren und die Strategien der Beeinflussung sind für die Zielgruppe angemessen gewählt.
☐ zutreffend ☐ nicht zutreffend ☐ nicht durchgängig zutreffend

**11** *Formulieren Sie auf der Grundlage Ihrer Beurteilungen aus Aufgabe 10 ein begründetes Sachurteil über die Rede. Verwenden Sie dazu ein gesondertes Blatt.*

**12** *Formulieren Sie auch ein Werturteil über die Rede, in das Sie Ihre persönlichen Überzeugungen einfließen lassen, z. B. über die Aktualität des Inhalts der Rede.*

## Die Redeanalyse schreiben

### Die einzelnen Bestandteile zusammenfügen

**Arbeitstechnik** **Eine Redeanalyse verfassen**

In der **Einleitung** ordnen Sie die Rede hinsichtlich der Redesituation (Redner/Rednerin, Ort und Zeit, Anlass, Zielgruppe) ein und benennen das Thema. Zudem schreiben Sie eine kurze, strukturierte Inhaltsangabe, in der Sie die Hauptgedanken und die Argumentationsstruktur der Rede knapp darlegen.
Im **Hauptteil** benennen Sie sowohl die sprachlichen Mittel als auch die Strategien der Beeinflussung und bestimmen ihre jeweiligen Funktionen. Sie erläutern zudem die vom Redner verfolgte Aussageabsicht und seine Ziele.
Im **Schlussteil** nehmen Sie eine begründete Beurteilung und Wertung der Rede vor; dabei sollten Sie die Position des Redners, die Gestaltung sowie die Wirkung der Rede unter Einbezug der Zielgruppe berücksichtigen.

**1** *Schreiben Sie die Einleitung. Beziehen Sie dafür alle in den Aufgaben 2–7 (S. 17 f.) erarbeiteten Informationen mit ein. Verwenden Sie ein gesondertes Blatt.*

**2** *Ordnen Sie Ihre Analyseergebnisse aus den Aufgaben 8–12 zusammenhängend nach Inhalt, Form und Wirkung.*

**3** *Schreiben Sie den Hauptteil.*

**4** *Vervollständigen Sie die Redeanalyse, indem Sie den Schluss schreiben.*

**5** *Überprüfen und überarbeiten Sie die Arbeit anhand der folgenden Checkliste.*

## Checkliste

**Inhalt**

- ☐ Enthält meine Einleitung Angaben zu Rednerin/Redner, Redesituation und Thema?
- ☐ Habe ich eine Inhaltsangabe verfasst, die die Hauptgedanken und die Argumentationsstruktur wiedergibt?
- ☐ Habe ich die sprachlichen Mittel und rhetorischen Figuren analysiert sowie ihre Funktion bestimmt?
- ☐ Habe ich die Aussageabsicht erkannt und die Ziele der Rednerin/des Redners erläutert?
- ☐ Habe ich Inhalt, Form und Wirkung abschnittsweise erläutert?
- ☐ Habe ich die Rede in Form eines Sach- oder Werturteils bewertet?

**Sprachliche Gestaltung und Form**

- ☐ Ist die Analyse im Präsens geschrieben?
- ☐ Ist mein Ausdruck klar, verständlich und angemessen?
- ☐ Habe ich meinen Aufsatz auf häufige Rechtschreibfehler überprüft?
- ☐ Habe ich Wörter nachgeschlagen, bei deren Schreibweise ich unsicher war?
- ☐ Habe ich Flüchtigkeitsfehler gefunden und korrigiert?
- ☐ Habe ich die Regeln der Zeichensetzung beachtet?
- ☐ Ist die äußere Form meiner gesamten Arbeit ansprechend?
- ☐ Ist meine Schrift gut lesbar?

## Textrevision: Einen Aufsatz überarbeiten

Die Rede von S. 14–16 wurde von einem Schüler analysiert.

**Korrigieren Sie die folgenden Auszüge aus diesem Aufsatz. Achten Sie dabei besonders auf die Präzision der Wortwahl. Verwenden Sie ein gesondertes Blatt.**

[...] Die Rednerin scheint nun eine Definition des zentralen Begriffs geben zu wollen, denn sie sagt: „Was ist eigentlich Chancengleichheit?“ Doch sie sagt den Begriff nicht, sondern macht eine Begriffsbestimmung durch Umschreibungen und den Einsatz von rhetorischen Mitteln und Strategien. Zunächst sagt sie, dass sie in einer Demokratie als „ungerecht“ empfunden wird. [...]

Nach diesem Versuch der Begriffsbestimmung nennt von der Leyen die positive rechtliche Situation in der EU. Sie nennt die Anti-Diskriminierungs-Richtlinien und schafft damit, dass sie sachlich und glaubhaft wirkt. Damit wertet sie sie auf und kann im Folgenden den rechtlichen Rahmen um den ihr wichtigeren Aspekt – nämlich „Menschen [zu] akzeptieren“ (Z. 54) – erweitern.

Die Rednerin nennt nun wieder den Anlass der Konferenz und bezieht eindeutig Position, indem sie es sagt. Auch hier hat der bewusste Einsatz der Wir-Gruppe wieder seine strategische Bedeutung. Von der Leyen übernimmt Verantwortung und wirkt glaubhaft, indem sie alles darlegt. [...]

## Mein persönlicher Lerncheck

Schätzen Sie Ihren Lernstand in Hinblick auf die Redeanalyse ein. Beziehen Sie auch die Übung zur Textrevision mit ein. Schreiben Sie die Vorlage zum Lerncheck von der vorderen Umschlagseite dieses Arbeitsheftes ab und füllen Sie diese aus.

## Weiterschreiben

Wenn Sie nach einer weiteren Trainingsmöglichkeit für diese Aufgabenart suchen, befassen Sie sich mit folgender Aufgabe.

**Analysieren Sie den Auszug aus der Ansprache von Erich Kästner, die er auf der Hamburger PEN-Tagung am 10. Mai 1958 hielt.**

**Erich Kästner**, (1899–1974), blieb 1933 trotz des Verbots seiner Schriften in Deutschland, war von 1952–1962 Präsident des Deutschen PEN-Zentrums der Bundesrepublik Deutschland. Der PEN-Club ist eine internationale Schriftsteller-Vereinigung, deren Ziel es ist, zur weltweiten Verbreitung der Literatur und zur Verständigung der Völker beizutragen.

### Erich Kästner: Über das Verbrennen von Büchern

Meine Damen und Herren,

[...]

Seit Bücher geschrieben werden, werden Bücher verbrannt. Dieser abscheuliche Satz hat die Gültigkeit und Unzerreißbarkeit eines Axioms[1].

Er galt zur Zeit der römischen Soldatenkaiser und unter Kublai Khan, bei Cromwell und für die Konquistadoren, für Savonarola, Calvin und Jacob Stuart, für die Jesuiten, die Dominikaner und die Puritaner, für China und Rom, für Frankreich, Spanien, England, Irland und Deutschland, für Petersburg, Boston und Oklahoma City. Immer wieder hatten die Flammen ihren züngelnden Wolfshunger, und immer wieder war ihnen das Beste gerade gut genug. Sie fraßen die Werke von Ovid und Properz, von Dante, Boccaccio, Marlowe, Erasmus, Luther, Pascal, Defoe, Swift, Voltaire und Rousseau. [...]

Und Heinrich Heines Verse aus dem „Almansor“: „Dort, wo man die Bücher verbrennt, verbrennt man auch am Ende Menschen“, galten zwar den spanischen Autodafés[2] und wurden dennoch zur Prophezeiung.

Das blutige Rot der Scheiterhaufen ist immergrün.

Einen dieser Scheiterhaufen haben wir mit bloßem Auge brennen sehen. Das war auf den Tag genau vor einem Vierteljahrhundert, und deswegen haben wir uns heute versammelt. Es gibt Andachtsübungen, und wie es Andachtsübungen gibt, sollte es, nicht weniger ernsthaft und folgenschwer, Gedächtnisübungen geben. Meine Damen und Herren, wir sind zu einer Gedächtnisübung zusammengekommen.

[...]

Meine Damen und Herren, eine Gedenkstunde soll eine Gedächtnisübung sein, und noch etwas mehr. Was hülfe es, wenn sie nur der Erinnerung an arge Zeiten diente, nicht aber der Erinnerung an unser eigenes Verhalten? Das heißt, hier und jetzt, für mich nicht mehr und nicht weniger: an mein Verhalten? Ich bin nur ein Beispiel neben anderen Beispielen. Doch da ich mich etwas besser als andere kenne, muss in meiner Rede nun ein wenig von mir die Rede sein.

Ich habe mich, damals schon und seitdem manches Mal gefragt: „Warum hast du am 10. Mai 1933 auf dem Opernplatz in Berlin nicht widersprochen? Hättest du, als der abgefeimte Kerl eure und auch deinen Namen in die Mikrophone brüllte, nicht zurückschreien sollen?“ Dass ich dann heute nicht hier stünde, darum

1 Axiom: unbeweisbarer, in sich einsichtiger und unbestreitbarer Grundsatz

2 Autodafé: Bekanntgabe und Vollstreckung von Ketzergerichtsurteilen; hier: öffentliche Verbrennung missliebiger Schriften

geht es jetzt nicht. Nicht einmal, dass es zwecklos gewesen wäre, steht zur Debatte. Helden und Märtyrer stellen solche Fragen nicht. Als wir Carl von Ossietzky[3] baten, bei Nacht und Nebel über die Grenze zu gehen – es war alles vorbereitet – sagte er nach kurzem Nachdenken: „Es ist für sie unbequemer, wenn ich bleibe", und er blieb. Als man den Schauspieler Hans Otto, meinen Klassenkameraden, in der Prinz-Albrecht-Straße schon halb totgeschlagen hatte, sagte er, bevor ihn die Mörder aus dem Fenster in den Hof warfen, blutüberströmten Gesichts: „Das ist meine schönste Rolle." Er war, nicht nur auf der Bühne am Gendarmenmarkt, der jugendliche Held. Gedenken wir dieser beiden Männer in Ehrfurcht! Und fragen wir uns, ob wir es ihnen gleichgetan hätten!

[...]

Ich hatte angesichts des Scheiterhaufens nicht aufgeschrien. Ich hatte nicht mit der Faust gedroht. Ich hatte sie nur in der Tasche geballt. Warum erzähle ich das? Warum mische ich mich unter die Bekenner? Weil, immer wenn von der Vergangenheit gesprochen wird, auch von der Zukunft die Rede ist. Weil keiner unter uns und überhaupt niemand die Mutfrage beantworten kann, bevor die Zumutung an ihn herantritt. Keiner weiß, ob er aus dem Stoffe gemacht ist, aus dem der entscheidende Augenblick Helden formt. Kein Volk und keine Elite darf die Hände in den Schoß legen und darauf hoffen, dass im Ernstfall, im ernstesten Falle, genügend Helden zur Stelle sein werden.

Und auch wenn sie sich zu Worte und zur Tat meldeten, die Einzelhelden zu Tausenden – sie kämen zu spät. Im modernen undemokratischen Staat wird der Held zum Anachronismus[4].

Der Held ohne Mikrophone und ohne Zeitungsecho wird zum tragischen Hanswurst. Seine menschliche Größe, so unbezweifelbar sie sein mag, hat keine politischen Folgen. Er wird zum Märtyrer. Er stirbt offiziell an Lungenentzündung. Er wird zur namenlosen Todesanzeige.

Die Ereignisse von 1933 bis 1945 hätten spätestens 1928 bekämpft werden müssen. Später war es zu spät. Man darf nicht warten, bis der Freiheitskampf Landesverrat genannt wird. Man darf nicht warten, bis aus dem Schneeball eine Lawine geworden ist. Man muss den rollenden Schneeball zertreten. Die Lawine hält keiner mehr auf. Sie ruht erst, wenn sie alles unter sich begraben hat.

Das ist die Lehre, das ist das Fazit dessen, was uns 1933 widerfuhr. Das ist der Schluss, den wir aus unseren Erfahrungen ziehen müssen, und es ist der Schluss meiner Rede. Drohende Diktaturen lassen sich nur bekämpfen, ehe sie die Macht übernommen haben. Es ist eine Angelegenheit des Terminkalenders, nicht des Heroismus. Als Ovid sein „Principiis obsta!" niederschrieb, als er ausrief: „Bekämpfe den Beginn!", dachte er an freundlichere Gegenstände. Und auch als er fortfuhr: „Sero medicina paratur!", also etwa „Später helfen keine Salben!", dachte er nicht an Politik und Diktatur. Trotzdem gilt seine Mahnung in jedem und auch in unserem Falle. Trotzdem gilt sie immer und überall.

Meine Damen und Herren, ich danke Ihnen für Ihre Aufmerksamkeit.

**3** Carl von Ossietzky: deutscher Publizist (1989–1938); überzeugter Pazifist, warnte vor Militarismus und Nationalismus; erhielt 1936 den Friedensnobelpreis, den er nicht annehmen durfte

**4** Anachronismus: veraltete Einrichtung oder Verhaltensweise

# KAPITEL 3

# Freie Erörterung
# Dialektische Erörterung

## Die Aufgabe

**Rechtfertigen hohe Nachfrage, Prominenz und große Verantwortung Jahresgehälter im fünfstelligen Bereich und darüber? Erörtern Sie diese Fragestellung.**

## Die Aufgabe verstehen

Diese Überlegungen helfen Ihnen, die Aufgabe zu bearbeiten:
- das strittige Problem erkennen und analysieren
- sich eine Meinung bilden und den eigenen Standpunkt äußern
- Argumente für den eigenen Standpunkt formulieren
- sich in die Gegenposition versetzen und Gegenargumente formulieren
- Pro- und Kontra-Argumente entfalten
- die Argumentation schlüssig aufbauen
- geeignete sprachliche Mittel für eine überzeugende Argumentation verwenden
- die Argumentation mit einer persönlichen Stellungnahme abschließen

## Die dialektische Erörterung vorbereiten

**1** *Lesen Sie das folgende Interview.*

### Thomas Hitzlsperger: 20-jährige Millionäre – das ist nicht gerecht

*Thomas Hitzlsperger über die Entlohnung von Fußballern, den Mindestlohn und Geld als Motivationshilfe. Alles außer Fußball – das Kolumnengespräch*

**ZEIT ONLINE:** Herr Hitzlsperger, wie viel Geld bekommen Sie im Monat?
**Thomas Hitzlsperger:** Es gibt zwei Personengruppen, die mir diese Frage manchmal stellen: Erwachsene, meist, wenn sie angetrunken sind, und kleine neugierige Kinder.
**ZEIT ONLINE:** Ihre Antwort?
**Hitzlsperger:** Wie viel Geld ich bekomme, will ich nicht sagen.
**ZEIT ONLINE:** Und wie viel Geld würden Sie dafür verdienen, dass Sie etwa am vergangenen Samstag einige Traumpässe gespielt haben?
**Hitzlsperger:** Man sollte Fußballer nicht nach einzelnen Spielen beurteilen, mal spielen sie schlecht, mal gut. Die größte Leistung, für die viele heute sehr viel Geld bekommen, haben sie in der Jugend erbracht: Sie haben sich gegen Tausende andere Talente durchgesetzt und den Sprung zum Profi geschafft.
**ZEIT ONLINE:** Verdienen Sie das, was Sie bekommen?
**Hitzlsperger:** Wie kann man eine Million oder mehr im Jahr verdienen? Im Fußball werden oft so hohe Gehälter gezahlt, weil das Interesse an diesem Sport hoch ist. Wir fordern diese gigantischen Summen nicht ein. Aber die TV-Sender bezahlen viel für die Übertragung, Unternehmen viel für Werbung und Fans für

**Tipp**
Sie können sich gut auf eine freie Erörterung vorbereiten, indem Sie möglichst viel Material (Zeitungsartikel, Statistiken etc.) zur Fragestellung sammeln.

die Merchandising-Artikel. Das ergibt eine große Summe, von der unter anderem knapp 400 Erstliga-Spieler bezahlt werden. Für die besten Profis geben die Vereine das meiste aus.
**ZEIT ONLINE:** Die besten Kinderkrankenschwestern bekommen in Deutschland etwa 3000 Euro, die besten Fußballer mehr als 300.000 Euro im Monat. Ist das gerecht?
**Hitzlsperger:** Die Kinderkrankenschwester arbeitet mehr, oft in Schichten und hat mehr Verantwortung. Auf der anderen Seite sind da 20-jährige Millionäre: Das ist nicht gerecht. [...]
*(ZEIT ONLINE, 13.05.2009)*

## Sich eine Meinung bilden

**1** *Notieren Sie in einer Mindmap Gedanken, die Ihnen zum Problem einfallen.*

**2** *Formulieren Sie Ihre Position in einem Satz.*

## Eine Argumentation aufbauen

**1** *Formulieren Sie auf der Grundlage des Textes Argumente, die für ein hohes Einkommen von Profifußballern sprechen.*

## Spitzeneinkommen weltweit

Auch in anderen Bereichen gibt es weltweit Spitzeneinkommen: Zum Beispiel verdiente der Formel-1-Fahrer Kimi Räikkönen im Jahr 2008 28,61 Millionen Euro (Quelle: RP Online, 15.7.2009). Die US-Talkshow-Moderatorin Oprah Winfrey mit einem jährlichen Einkommen von 260 Millionen Dollar und Johnny Depp mit 92 Millionen Dollar gehören zu den reichsten Stars der Welt (Quelle: SPIEGEL ONLINE, 15.6.2007). Der Chef eines großen deutschen Autokonzerns ist mit 77,4 Millionen Euro der bestbezahlte Manager Europas und ein Abgeordneter kommt im Monat (Diät plus Kostenpauschale für Aufwendungen) auf 11 000 Euro (Quelle: www.bundestag.de 2007).

**2** ***Finden Sie eigene Argumente, die für diese hohen Einkommen sprechen.***

______________________________

______________________________

______________________________

______________________________

______________________________

______________________________

______________________________

______________________________

**3** ***Recherchieren Sie im Internet nach den Durchschnittsgehältern folgender Berufsgruppen:***

Altenpfleger/-in: ____________ Arzt/Ärztin (angestellt): ____________

Bauingenieur/-in: ____________ Erzieher/-in: ____________

Fachinformatiker/-in: ____________ Pilot/-in: ____________

Krankenschwester: ____________ Lokführer/-in: ____________

**4** ***Lesen Sie den folgenden Dialog. Versetzen Sie sich in die Person B und führen Sie deren Position näher aus.***

Person A: „Personen, die in der Öffentlichkeit stehen und hohe Verantwortung tragen, verdienen diese hohen Einkommen zu Recht." – Person B: „Auch Menschen in anderen Berufsgruppen tragen Verantwortung, bekommen aber weniger Geld dafür."

*a)* Formulieren Sie auf der Grundlage der Aussage von Person B eine These.

______________________________

*b)* Begründen Sie diese These mit einem Argument.

*c)* Entfalten Sie das Argument, indem Sie Belege und/oder Beispiele anführen.

*d)* Formulieren Sie mindestens ein weiteres Argument, das der Haltung von Person A widerspricht.

*e)* Entfalten Sie diese Argumente mit Beispielen, Belegen, Erläuterungen oder Analogien.

**Basiswissen** | **Bestandteile einer Argumentation**

Eine These ist eine Behauptung oder Meinung zu einem bestimmten Problem. Sie sollte als Aussage und nicht als Frage formuliert werden: Es ist gerecht, dass Fußballspieler Spitzeneinkommen beziehen, ...
Die These wird mit einem Argument begründet. Um die Wirkung des Arguments zu stärken, wird es entfaltet: ... denn sie können ihren Beruf nur eine vergleichsweise kurze Zeit lang ausüben.
Hierzu werden Belege oder Beispiele angeführt: Viele Profis, denen in den 70er-Jahren nicht so hohe Gehälter gezahlt wurden, hatten beispielsweise nach ihrer Karriere finanzielle Probleme.

**5** *Bauen Sie Ihre Argumentation auf.*

*a)* Ordnen Sie auf der Grundlage Ihrer bisherigen Arbeitsergebnisse die Pro- und Kontra-Argumente der Wichtigkeit nach an.

| **Pro-These/Pro-Argumente** | **Kontra-These/Kontra-Argumente** |
| --- | --- |
| | |

*b)* Formulieren Sie als Höhepunkt Ihrer Argumentation Ihre persönliche Meinung. Verwenden Sie dazu ein gesondertes Blatt.

# Die dialektische Erörterung schreiben

Eine dialektische Erörterung wird verfasst, um sich zu einem strittigen Problem zu äußern und sich entweder für die eine oder die andere Seite zu entscheiden.

**Arbeitstechnik** | **Eine dialektische Erörterung gliedern**

In der Einleitung Ihres Erörterungsaufsatzes sollen Sie das Interesse Ihres Lesers wecken und zum Thema hinführen. Dabei können Sie am Schluss der Einleitung die zu erörternde These formulieren. Im Hauptteil erfolgt dann die Auseinandersetzung mit dem strittigen Thema. Ihre Argumentation können Sie nach zwei Prinzipien aufbauen:

**Blockprinzip:**
Pro-These
1. Pro-Argument
2. Pro-Argument
...
Kontra-These
1. Kontra-Argument
2. Kontra-Argument
...

**Reißverschlussprinzip:**
1. Pro-Argument
1. Kontra-Argument
2. Pro-Argument
2. Kontra-Argument
...

Sie beenden Ihre Argumentation mit Ihrer persönlichen Stellungnahme. Im Schluss Ihres Aufsatzes runden Sie das Thema ab, indem Sie zusammenfassend Bezug zum Thema nehmen, eine persönliche Folgerung oder einen Ausblick in die Zukunft formulieren.

**1** *Formulieren Sie die Einleitung der dialektischen Erörterung.*

**2** *Entscheiden Sie sich für ein Gliederungsprinzip Ihrer Argumentation. Formulieren Sie dann den Beginn Ihrer Argumentation.*

**3** *Überlegen Sie sich eine persönliche Schlussfolgerung oder einen Ausblick für den Schlussteil.*

**4** *Schreiben Sie Ihre dialektische Erörterung. Verwenden Sie dazu ein gesondertes Blatt.*

**5** *Überprüfen Sie Ihre Erörterung anhand der Checkliste auf den Seiten 34–35.*

# Lineare Erörterung

## Die Aufgabe

**Einerseits wird über die Einführung eines Mindestlohns diskutiert. Andererseits hat die Bundesregierung neue Regeln für Managergehälter beschlossen. Welche Auswirkungen haben diese großen Unterschiede in der Entlohnung Werktätiger auf die Gesellschaft? Erörtern Sie das folgende Thema.**

## Die Aufgabe verstehen

Diese Überlegungen helfen Ihnen, die Aufgabe zu bearbeiten:
- das Sachproblem analysieren
- W-Fragen formulieren und beantworten
- eine These aufstellen
- die These mit Argumenten schlüssig begründen
- die Argumente entfalten
- Lösungsmöglichkeiten vorschlagen

## Die lineare Erörterung vorbereiten

Eine lineare Erörterung schreiben Sie, wenn Sie beispielsweise in einer Facharbeit, in einem Aufsatz oder in einem Zeitungsartikel eine Sachfrage von mehreren Seiten beleuchten.

**1** *Lesen Sie die Fortsetzung des Interviews mit Thomas Hitzlsperger.*

### Thomas Hitzlsperger: 20-jährige Millionäre – das ist nicht gerecht

[...]

**ZEIT ONLINE:** Am unteren Ende der Einkommen wollen SPD und Grüne einen Mindestlohn einführen. Sind 7,50 Euro pro Stunde gerecht?

**Hitzlsperger:** Maßnahmen, wodurch die Einkommensverteilung gerechter verteilt wird, halte ich für sinnvoll. Ich weiß aber nicht, ob ein Mindestlohn etwas bringt. Es könnte ja auch sein, dass kleine Unternehmen und Restaurants pleitegehen, wenn sie höhere Gehälter zahlen müssen.

**ZEIT ONLINE:** Was denken Sie, wenn Sie mit „scheiß Millionär" beschimpft werden?

**Hitzlsperger:** Ich kenne diese Gesänge aus dem Fanblock. Bis es so weit kommt, müssen die Spieler wirklich schlecht gespielt haben. Zumindest der Einsatz und die Motivation sollten in jedem Spieler erkennbar sein. Aber auch die Medien spielen eine Rolle: Wenn ein Spieler Wert auf sein Aussehen legt oder ein schnelles Auto fährt, können die Medien ihn als einen „scheiß Millionär" aussehen lassen und den Frust der Fans fördern.

**ZEIT ONLINE:** Nach der Bankenkrise wurden vor allem Banker mit Spitzeneinkommen heftig kritisiert. Über Musiker, Schauspieler oder Sportler wird nicht so geklagt. Woran liegt das?

**Hitzlsperger:** Da gibt es eine einfache Erklärung: Wenn Sie Geld für ein Konzert oder einen Kinofilm ausgeben, merken Sie noch am gleichen Abend, ob es eine gute oder eine schlechte Investition war. Wenn der Musiker nicht singen konnte, besuchen Sie einfach kein zweites Konzert. Ein Banker hat viel mehr Verantwortung. Dem geben Sie Ihr Geld, oft das ganze Ersparte, weil Sie ihm vertrauen. Wenn der Ihr Vertrauen missbraucht, ist der Ärger viel größer als nach einem schlechten Kinofilm. Dazu kommt Neid auf Banker mit hohem Verdienst und schickem Anzug.

[...]

**ZEIT ONLINE:** Wie wichtig ist Ihnen Geld eigentlich?

**Hitzlsperger:** Heute erleichtert es mir vieles und gibt mir Sicherheit. Ich bin dankbar, dass ich es habe. Als Jugendlicher hat es mich motiviert und war Teil meines Antriebs. Das ist inzwischen anders. Geld allein macht nur kurzfristig glücklich. [...]

*(ZEIT ONLINE, 13.05.2009)*

## Andreas Große-Halbuer: Warum Leistungsträger auswandern

Die Zahl der Auswanderer steigt und steigt. Besonders die Leistungsstarken kehren der Heimat den Rücken zu. Eine exklusive Studie zeigt, warum so viele Deutsche ihr Glück in der Ferne suchen.

[...]

Erstmals bringt jetzt das Forschungsinstitut Prognos Licht in das statistische Dunkel. In einer umfangreichen Studie haben die Prognos-Leute im Auftrag des Bundeswirtschaftsministeriums die Motive ausgewanderter Fach- und Führungskräfte aus Wirtschaft und Wissenschaft untersucht. 1400 im Ausland lebende Deutsche beantworteten den Prognos-Fragebogen, die Ergebnisse liegen der WirtschaftsWoche exklusiv vor. Wichtigster Befund der Studie: 68 Prozent der Befragten erhofften sich von ihrem Wechsel ins Ausland einen besseren Job und mehr Geld. 38 Prozent gaben an, dass auch die hohe Steuer- und Abgabenlast ein Grund dafür war, das Land zu verlassen, 31 Prozent störten sich an der Bürokratie.

Damit bestätigen die Forscher, was viele befürchtet hatten. An erster Stelle stehen erwartungsgemäß Karrieremotive, auf der anderen Seite sind es aber auch fiskalische Gründe, die die Menschen aus der Heimat vertreiben. Ein fataler Kreislauf: Ausgerechnet gut verdienende Steuer- und Abgabenzahler, die das Land dringend braucht, flüchten vor hohen Steuern.

[...]

*(www.wiwo.de, 25.06.2008)*

**2** *Stellen Sie W-Fragen, die sich aus dem Interview und dem Text „Warum die Leistungsträger auswandern" sowie aus Ihrer Analyse des Themas ergeben, z. B.: Warum wird die Diskussion über Bonuszahlungen geführt? Verwenden Sie dazu ein gesondertes Blatt.*

**3** *Beantworten Sie Ihre Fragen aus Aufgabe 2.*

## Die Argumentation aufbauen

Ihre Argumente beziehen sich auf die These, die Ihrer Argumentation vorausgeht.

**1** *Unterstreichen Sie in Ihren Antworten die zentralen Begriffe (Schlüsselwörter) und ordnen Sie diese in einer Mindmap.*

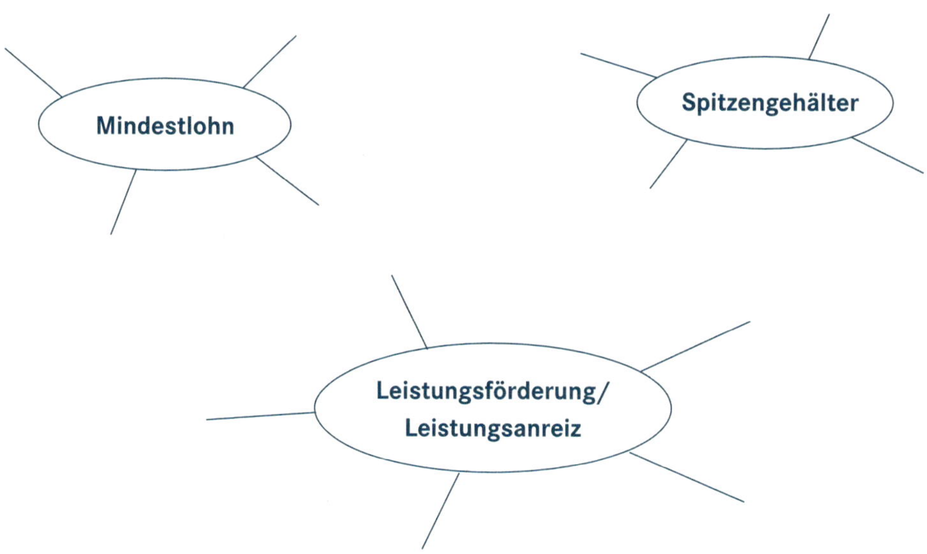

**2** *Notieren Sie die These, auf der Sie Ihre Argumentation aufbauen.*

___

___

> **Tipp**
> Die These darf nicht als Frage formuliert werden!

**3** *Nummerieren Sie die Schlüsselbegriffe in Ihrer Mindmap ihrer Wichtigkeit nach, sodass Sie auf dieser Grundlage Ihre Argumentation aufbauen können.*

## Arbeitstechnik – Argumente entfalten

Ihre Argumente unterstützen Sie durch verschiedene Arten von Belegen: Das können **Faktenbelege**, **Rückgriffe auf Erfahrungen**, **Autoritätsbelege** (Zitate von bekannten Persönlichkeiten) oder **Analogien** (Übertragung eines Sachverhaltes auf einen anderen, vergleichbaren Bereich) sein. Bei einigen Belegen (z. B. statistische Angaben, Zitate) ist auch die Quellenangabe notwendig (vgl. auch S. 39).

A: Entscheidend für die Bezahlung von Managern soll künftig nicht der kurzfristige Erfolg an der Börse, sondern die langfristige und nachhaltige Entwicklung des Unternehmens sein. Darum müssen Aufsichtsräte stärker als bisher darauf achten, dass Vorstandsmitglieder nicht für kurzfristige Erfolge belohnt werden.

B: Ärmere Menschen haben weniger Vertrauen in die Demokratie.

C: Leistungsgerechte Bewertung müsste in allen Berufsgruppen erfolgen, denn Motivation ist für jede Arbeit wichtig.

- ☐ 73 % der Arbeitslosen, 63 % der Hartz-IV-Haushalte ... 60 % der Haushalte mit einem Nettoeinkommen von unter 700 Euro beurteilen die demokratische Praxis in Deutschland kritisch. (Polis/Sinus/Studie; Nachdenkseiten – Die kritische Website, 20.2.2009)
- ☐ Wer sich selbst schon einmal ungerecht bewertet oder entlohnt gefühlt hat, weiß, dass die Lust an der Tätigkeit nachlässt und diese irgendwann sinnlos erscheint.
- ☐ Wenn beispielsweise ein Unternehmen einen Geschäftszweig verkauft und damit höhere Einnahmen und einen größeren Gewinn erzielt, das Unternehmen in den Jahren nach dem Verkauf aber darunter leidet, sollen die Vorstandsmitglieder nicht für den kurzfristigen Gewinnanstieg belohnt werden.

**4** *Ordnen Sie die drei Thesen/Argumente den drei Beispielen für die Entfaltung der Argumentation zu.*

**5** *Sammeln Sie Belege, die Ihre Argumente stützen. Verwenden Sie ein gesondertes Blatt.*

# Die lineare Erörterung schreiben

Eine lineare Erörterung schreiben Sie, wenn Sie beispielsweise in einer Facharbeit, in einem Aufsatz oder in einem Zeitungsartikel eine Sachfrage von mehreren Seiten beleuchten.

**Basiswissen** | **Gliederung einer Erörterung**

Die **Einleitung** der Erörterung kann durch einen aktuellen Bezug zum Problem das Interesse des Lesers wecken. Am Ende der Einleitung wird die These aufgestellt. Im **Hauptteil** erfolgt die Auseinandersetzung mit der Sachfrage (Argumentation), das heißt, Ursachen, Hintergründe, Folgen werden erörtert und Lösungsmöglichkeiten vorgeschlagen. Im **Schlussteil** wird in einem Fazit der persönliche Standpunkt zur aufgeworfenen Sachfrage geäußert und das Thema abgerundet.

**1** *Formulieren Sie eine geeignete Überleitung, die Ihre These mit dem Hauptteil verbindet.*

________________________________________

________________________________________

________________________________________

**2** *Schreiben Sie Ihre lineare Erörterung. Verwenden Sie dazu ein gesondertes Blatt.*

**3** *Überprüfen und überarbeiten Sie Ihre Erörterung anhand der Checkliste.*

## Checkliste

**Aufbau**

- ☐ Ist mein Aufsatz übersichtlich in Abschnitte gegliedert?
- ☐ Sind Einleitung, Hauptteil und Schluss deutlich voneinander zu unterscheiden?

**Inhalt**

- ☐ Habe ich in meiner Einleitung zum Thema hingeführt?
- ☐ Leitet ein geeigneter Satz zum Hauptteil über?
- ☐ Habe ich entsprechend der Aufgabenstellung die dialektische oder die lineare Erörterung gewählt?
- ☐ Bezieht sich meine Argumentation in der linearen Erörterung auf eine Eingangsthese?
- ☐ Habe ich zum strittigen Problem genügend Pro- und Kontra-Argumente formuliert?
- ☐ Habe ich überzeugende Argumente aufgeführt?
- ☐ Habe ich meine Argumente durch Belege und Beispiele gestützt?
- ☐ Habe ich meine Position deutlich gemacht?
- ☐ Habe ich Lösungsmöglichkeiten für das Problem vorgeschlagen?
- ☐ Hebt sich mein Schluss von der Argumentation im Hauptteil deutlich ab?
- ☐ Enthält der Schluss ein Fazit meiner Argumentation, z. B. einen Bezug zum Problem, eine Schlussfolgerung, einen Ausblick oder einen Appell?

**Sprache, Rechtschreibung, Zeichensetzung und äußere Form**

- ☐ Ist mein Ausdruck klar, verständlich und angemessen?
- ☐ Habe ich auf Umgangssprache und Abkürzungen verzichtet?
- ☐ Habe ich die Sätze sinnvoll verknüpft?
- ☐ Habe ich meinen Aufsatz auf Rechtschreibfehler überprüft?
- ☐ Habe ich Flüchtigkeitsfehler gefunden und korrigiert?
- ☐ Habe ich Wörter nachgeschlagen, bei deren Schreibung ich unsicher war?
- ☐ Habe ich die Regeln der Zeichensetzung beachtet?
- ☐ Ist die äußere Form meines Aufsatzes ansprechend und die Schrift lesbar?

## Textrevision: Einen Aufsatz überarbeiten

**Korrigieren Sie den folgenden Auszug aus dem Schlussteil eines Schüleraufsatzes. Achten Sie dabei besonders auf die Präzision der Wortwahl. Verwenden Sie ein gesondertes Blatt.**

Auf den ersten Blick erscheint eine solche Verteilung des Geldes unfair. Während Wenige in Saus und Braus leben können und dabei gar nicht so viel arbeiten müssen, müssen Andere für ihren Lebensunterhalt hart arbeiten. Und oft tragen sie sehr viel Verantwortung und sehr viel Belastung. Beim näheren Hinsehen aber wird klar, dass die Reichen sehr oft höhere Risiken eingehen mussten, um so reich zu werden. Sportler beispielsweise müssen sich schon in früher Kindheit für eine Profikarriere entscheiden und dann auf einen großen Teil Freizeit verzichten, um Höchstleistungen zu bekommen. Und wenn sie einmal oben sind, können sie auch immer wieder abrutschen. So finde ich, dass es in Ordnung ist, wenn manche so viel Geld verdienen. Allerdings muss gleichzeitig garantiert sein, dass auch der Normalverbraucher so für seine Arbeit entschädigt wird, dass er ein sorgenfreies Leben haben kann. Dazu gehört eine gute gesundheitliche Grundversorgung, genugend Freizeit, Geld für Hobbys und Urlaub und für die Ausbildung der Kinder.

## Mein persönlicher Lerncheck

Schätzen Sie Ihren Lernstand in Hinblick auf die Aufgabe „Eine dialektische Erörterung schreiben“ bzw. „Eine lineare Erörterung schreiben“ ein. Schreiben Sie die Vorlage zum persönlichen Lerncheck von der vorderen Umschlagseite dieses Arbeitsheftes ab und füllen Sie diese aus.

## Weiterschreiben

Wenn Sie nach einer weiteren Trainingsmöglichkeit für diese Aufgabenart suchen, befassen Sie sich mit den vorliegenden Aufgabenstellungen.

**Die Zahl der Paare wächst, die mithilfe einer Leihmutter Eltern werden. Erläutern Sie die Ursachen und Folgen dieser Entwicklung.**
**Leihmütter – Chance für kinderlose Paare oder Entwicklung eines neuen Sklavenmarktes?**

KAPITEL 4

# Textgebundene Erörterung

## Die Aufgabe

- Geben Sie die Hauptaussagen der Autorin wieder und analysieren Sie ihre Argumentation.
- Setzen Sie sich mit den Aussagen kritisch auseinander und entwickeln Sie einen eigenen Standpunkt.

## Die Aufgabe verstehen

Diese Überlegungen helfen Ihnen, die Aufgabe zu bearbeiten:

- Inhalt und Aufbau des Textes verstehen und erfassen
- wesentliche Inhalte des Textes unter Verwendung des Konjunktivs wiedergeben
- sich mit der im Text dargelegten Argumentation und deren Aufbau auseinandersetzen
- einen eigenen Standpunkt einnehmen und darlegen
- den Leser vom eigenen Standpunkt überzeugen
- den Text auch hinsichtlich seiner Bedeutung für den Leser bzw. seiner Aktualität analysieren

## Die textgebundene Erörterung vorbereiten

**1** *Lesen Sie den Text.*

### Susanne Offenbach: Neue Analphabeten

*„Mit Schreiben und Lesen fängt eigentlich das Leben an."*
Auf einer Wachstafel des vorchristlichen Mesopotamien

Glückliches Bayern! Dort seien Laptop und Lederhose eine wunderbare Verbindung eingegangen. Schön, wenn es stimmt, aber leider nicht repräsentativ für den Rest des Landes. Hier scheidet sich die Welt in die rund 60 Prozent mit, vor allem aber die 40 Prozent ohne Zugang zum weltweiten Netz. Das Web hat in nur 15 Jahren die Gesellschaft tiefgreifender verändert als jedes Medium vor ihm.

Der Befund geht quer durch Generationen und Schichten. Viele Ältere meinen: Das ist nichts mehr für mich, das sitze ich vollends aus.

Wenn sie sich damit nur nicht täuschen. In manchen Ländern Europas gibt es schon jetzt kaum mehr Schalter für Bahnkarten: Und Flugtickets nur noch aus dem Netz. Ebenso wie den Zugang zum eigenen Konto. Wer die deutsche Abwrackprämie[1] beantragen will, bekommt das Formular der Bundesregierung auch nur digital.

„Mein Autohändler wird mir schon helfen", höre ich als Ausrede. Klar, es findet sich immer eine Lösung, sogar noch für jemanden, der weder lesen noch schreiben kann. Aber wer heute keinen Zugang zum Internet hat, ist einer der neuen Analphabeten.

Warum eigentlich? Gerade für Ältere erschlösse sich eine spannende Welt. Genügend Kurse oder Clubs sind angeboten, wo man lernen und üben kann.

1 Abwrackprämie: eine staatliche Prämie, die 2009 in Deutschland eingeführt und dem gewährt wurde, der sein altes Auto verschrottet und einen Neuwagen erworben hat

Karl der Große soll hochbetagt noch Lesen und Schreiben gelernt haben, weil er diese damals exklusive Technik nicht den Pfaffen und Klosterschreibern überlassen wollte. Ob er von den Mesopotamiern gewusst hat?

Aber die Jungen, denkt man, die wachsen sowieso mit Elektronik auf. Mit Spielen und Handys schon. An vielen Schulen allerdings hört es mit ein bisschen Word bereits schon wieder auf. Was muss ein Schüler über Computer wissen, wenn er das Abi oder die Mittlere Reife in der Tasche hat? Für manche muss ein zweistündiger Basiskurs zum Bedienen von Anwendungsprogrammen als Informationstechnische Grundbildung (ITG) reichen, weil IT-Pädagogen fehlen.

Wer wirklich etwas über Informatik weiß, gehört schon zum Club der Auserwählten. Vor rund hundert Jahren wurden Physik, Biologie und Chemie als Unterrichtsfächer eingeführt. Das hat Deutschland nach vorne gebracht. Und heute? Könnte es denn nicht reichen, den Computer nur zu bedienen wie ein Auto? Das Ding zu fahren braucht es wenig, weit unterhalb der Mechatroniker-Ausbildung. Aber ein bisschen Ahnung, wie so eine Maschine funktioniert, ob Otto- oder Dieselmotor, ist jedenfalls nicht rufschädigend.

Ohne Computer-Kenntnisse geht es heute in kaum einem Beruf. Ein Platz im Mittelfeld ist aussichtslos. Hauptschüler ohne Computer-Ahnung werden schon das Bewerbungsgespräch kaum überstehen. Fatale Folge: Viele werden später überhaupt Situationen vermeiden, in denen Leistung gefordert ist.

Das erledigt sich mit der Zeit auch nicht von selbst, wie wir fälschlicherweise bei den Migranten gemeint haben. Verblüfft erleben wir junge Leute der dritten Einwanderer-Generation, die kein vernünftiges Deutsch sprechen. Das sollte uns mit Computer-Kenntnissen nicht noch einmal passieren.

Zumal eine andere Hoffnung schon zerplatzt ist: Dass junge Frauen sich das Computer-Thema als Chance und Domäne wählen. Unabhängig sein von Ort und Zeit, körperlich nicht überfordert, thematisch vielfältig – das ideale Feld für Familienfrauen. Aber wer bevölkert die Computerläden? Wer kauft die massenhaften Fachzeitschriften? Da hat Lieschen dem Hans mal wieder das Feld überlassen.

Nur noch kurios ein Kapitel Bundeswehr. Es soll Kasernen geben, die mit Fernschreibern arbeiten. Steinzeit-Technik bei internationaler Verflechtung. Gemessen am „bedingt abwehrbereiten“ Apparat hat es der einzelne Computer-Muffel da leicht. Einfach die geistige Tür öffnen und den realen Laptop ins Haus lassen. Vielleicht wird ja aus dem bisher völlig Fremden der hilfreichste Freund.

*(Sonntag aktuell, 24.04.2009)*

**2** *Wie wirkt der Text auf Sie? Notieren Sie Ihren ersten Leseeindruck.*

## Den Inhalt des Textes verstehen

**1** *Markieren Sie die zentralen Aussagen des Textes.*

**2** *Setzen Sie sich mit dem Spruch auf der mesopotamischen Wachstafel auseinander.*

*a)* Informieren Sie sich über die Bedeutung Mesopotamiens in der Geschichte.

___

___

*b)* Geben Sie den Spruch auf der Wachstafel mit Ihren eigenen Worten wieder.

___

___

## Ein Thesenreferat schreiben

**Basiswissen** **Themenfrage und Thesenreferat**

Das diskussionswürdige Thema wird auch als Themenfrage bezeichnet.
Deren Wiedergabe darf sich nicht mit Ihrer persönlichen Meinung vermischen.
Die Analyse des Textes und die Darlegung der Argumentationsstruktur in einem Thesenreferat nehmen den ersten Teil Ihres Aufsatzes ein.

**1** *Werten Sie die folgenden Schülerbeispiele der Themenfrage aus. Kreuzen Sie die Version an, welche Sie für gelungen halten, und begründen Sie Ihre Meinung.*

☐ In ihrem Artikel in „Sonntag aktuell" kritisiert die Autorin Susanne Offenbach, dass relativ viele Menschen keinen Zugang zum Internet haben. So blieben ihnen viele Facetten des Alltags verschlossen.

☐ Kompetenzen im Schreiben und Lesen würden durch Kompetenzen im IT-Bereich ersetzt, so das Thema der Autorin Susanne Offenbach in ihrem Artikel in „Sonntag aktuell".

☐ Susanne Offenbach kritisiert in ihrem Artikel zu Recht, dass in erster Linie Frauen und Hauptschüler keinen Zugang zum Internet finden und ihnen so vieles verschlossen bleibt.

☐ S. Offenbach bemängelt, dass viel zu wenig getan wird, um mehr als 60 Prozent der deutschen Bevölkerung einen Zugang zum Internet zu ermöglichen.

Begründung:

___

___

___

**2** ***Untersuchen Sie, wie die Autorin den Leser zu der Themenfrage hinführt.***

**3** ***Setzen Sie sich mit der weiteren Argumentation auseinander.***

*a)* Notieren Sie weitere Thesen.

*b)* Schreiben Sie die Argumente und Belege für die jeweiligen Thesen auf, soweit diese angeführt sind.

Beispiel: These: *Das Internet wird von vielen Älteren noch nicht genutzt,*
Argument: *weil diese Berührungsängste haben.*
Beleg: *Dies wird durch Studien vieler Meinungsforschungsinstitute belegt.*

**Basiswissen** | **Argumentationsbelege**

Belege dienen dazu, Argumente näher zu veranschaulichen. Dieses kann auf unterschiedliche Art und Weise geschehen:

- Angabe von Fakten (Zahlen, Statistiken, wissenschaftliche Untersuchungen etc.)
- Verweise auf allgemein anerkannte Werte (Verfassung, Menschenrechte etc.)
- Rückgriff auf Erfahrungen (nachvollziehbare Beispiele aus der eigenen Erfahrungswelt)
- Berufung auf Autoritäten (Zitate von Experten etc.)
- Bildung von Analogien (Rückschlüsse aus erwiesenen Tatsachen, die auf andere Bereiche übertragen werden)

**4** ***Untersuchen Sie mithilfe des Basiswissens, ob die Autorin eine bestimmte Art von Argumentationsbelegen bevorzugt.***

Setzen Sie sich mit dem Artikel auseinander.

**5** *Schreiben Sie einen Satz, in dem Sie alle Ihnen zur Verfügung stehenden Informationen zum Artikel und zur Autorin zusammenfassen.*

**6** *Analysieren Sie die sprachlichen Besonderheiten des Textes.*

*a)* Notieren Sie die rhetorischen Figuren, die am häufigsten vorkommen, belegen Sie diese durch Textbeispiele und untersuchen Sie deren Wirkung auf den Leser.

*b)* Analysieren Sie den Satzbau hinsichtlich seiner Wirkung auf den Leser.

## Sprache und Stil

**7** ***Setzen Sie sich mit dem Konjunktiv auseinander.***

*a)* Erklären Sie, warum die Autorin in den Zeilen 1 und 18 den Konjunktiv benutzt.

______________________________________________

______________________________________________

*b)* Differenzieren Sie zwischen den beiden Formen.

1. Form: ____________________ 2. Form: ____________________

*c)* Leiten Sie Regeln ab, wie die beiden Formen jeweils gebildet werden.

______________________________________________

______________________________________________

### Basiswissen **Indirekte Rede**

Wenn Sie die Meinung des Autors oder der Autorin wiedergeben, zitieren Sie üblicherweise in der indirekten Rede. Das Verb, das Sie in der indirekten Rede verwenden, steht in der Regel im Konjunktiv I. Wenn Sie das Zitat mit der Konjunktion „dass" einleiten, darf das Verb im Indikativ stehen.

Wenn die Form des Konjunktivs I mit der des Präsens Indikativ übereinstimmt, nutzt man den Konjunktiv II oder umschreibt ihn mit einer Form von „würden".

- Übereinstimmung: *Die Autoren betonen, sie (nehmen) die Ergebnisse der aktuellen Studie als Grundlage für die Berichte.*
- Konjunktiv II: *Die Autoren betonen, sie nähmen die Ergebnisse der aktuellen Studie als Grundlage für die Berichte.*
- Umschreibung mit „würden": *Die Autoren betonen, sie würden die Ergebnisse der aktuellen Studie als Grundlage für die Berichte nehmen.*

Der Konjunktiv II wird vom Präteritum Indikativ gebildet. Dabei wird oft ein Umlaut eingefügt, das heißt, bei dem obigen Beispiel wird von a zu ä gewechselt.

## Test

**8** ***Geben Sie die folgenden Aussagen im Konjunktiv wieder. Verwenden Sie ein gesondertes Blatt. Leiten Sie die Aussagen mit Sätzen wie „Die Autorin meint, ..." oder „Die Autorin ist der Auffassung, dass ..." ein.***

- Hier scheidet sich die Welt in die rund 60 Prozent mit, vor allem aber die 40 Prozent ohne Zugang zum weltweiten Netz.
- Der Befund geht quer durch Generationen und Schichten.
- In manchen Ländern Europas gibt es schon jetzt kaum mehr Schalter für Bahnkarten.
- Aber die Jungen, denkt man, wachsen sowieso mit Elektronik auf.
- Wer wirklich etwas über Informatik weiß, gehört schon zum Club der Auserwählten.

**Arbeitstechnik** | **Ein Thesenreferat verfassen**

Ihr Thesenreferat leiten Sie zunächst mit **Angaben zum Text** (Textart, Autor/-in, Publikationsorgan, Zeitpunkt der Veröffentlichung) ein.
Dann formulieren Sie die **Themenfrage**.
Im Anschluss zeigen Sie die **Struktur des Textes** und den **Zusammenhang der Argumente** auf. Sie verdeutlichen die **Position des Autors/der Autorin.**
Beachten Sie, dass die Meinung der Autoren immer im Konjunktiv I wiedergegeben werden muss.

**9** *Schreiben Sie das Thesenreferat des vorliegenden Textes. Nutzen Sie dazu die Ergebnisse der vorherigen Aufgaben.*

## Eine eigene Sicht zur Themenfrage entwickeln

**1** ***Überprüfen und bewerten Sie die vorliegende Argumentation.***

*a)* Ist die Argumentation folgerichtig aufgebaut? Ist sie ausgewogen?

*b)* Beurteilen Sie die Argumente der Autorin hinsichtlich ihrer Überzeugungskraft.

**2** ***Legen Sie dar, inwieweit die Autorin Lösungsvorschläge unterbreitet, und beurteilen Sie deren Wirksamkeit.***

## Sprache und Stil

Die Argumentation wird oft durch Belege untermauert. Diese Belege können Sie hinterfragen. So lassen sich beispielsweise Verweise auf statistische Erhebungen mit dem Hinweis, sie seien veraltet, entkräften.

**3** ***Notieren Sie, wie Sie die folgenden Belege entkräftigen könnten.***

Hinweise auf Pressemeldungen:

Verweise auf den „gesunden Menschenverstand“:

Hinweise auf persönliche Erfahrungen:

Verweise auf Autoritäten:

Analogien:

**Basiswissen** | **Darlegung der eigenen Position**

Sie haben verschiedene Möglichkeiten, Ihre Meinung zu positionieren. So können Sie dem Autor/der Autorin ganz oder eingeschränkt zustimmen oder eine andere, gegnerische Position vertreten. Letzteres erfordert einen begründeten Widerspruch, bei dem Sie eigene Beispiele anführen oder sich auch auf andere Meinungen beziehen. Bei der Zustimmung sollten Sie mehr als nur die Position des Autors/der Autorin bejahen, sondern diese um weitere Aspekte ergänzen, die diese Haltung stärken. Sie können auch mögliche Gegenpositionen, die nicht im Text genannt sind, anführen und widerlegen.

**4** *Notieren Sie ergänzende und gegensätzliche Aspekte zur Position der Autorin.*

## Die textgebundene Erörterung schreiben

Bevor Sie eine textgebundene Erörterung anfertigen, sollten Sie einen Schreibplan erstellen, der die wichtigsten Gliederungspunkte Ihres Aufsatzes enthält.

### Arbeitstechnik – Eine textgebundene Erörterung verfassen

In der **Einleitung** führen Sie zum Thema des vorliegenden Textes hin. Ihr Thesenreferat, das heißt die Analyse des Textes und die Darlegung der Argumentationsstruktur, nimmt den ersten Teil Ihres **Hauptteils** ein. Sofern Sie dieses nicht in der Einleitung abgehandelt haben, machen Sie Angaben zu dem Text (Textart, Autor/-in, Publikationsorgan, Zeitpunkt der Veröffentlichung) und benennen die Themenfrage. Dieser erste Teil ist Grundlage für die Darstellung Ihrer Position, die dann im zweiten Teil des Hauptteils zu finden ist. Im **Schlussteil** können Sie beispielsweise Anregungen zum Umgang mit dem aufgeführten Problem geben. Sie können auch den Gedankengang der Einleitung wieder aufgreifen.

**Tipp**
Vgl. S. 29 Gliederungsschemata bei der freien Erörterung

**1** *Schreiben Sie Ihre textgebundene Erörterung, indem Sie die einzelnen Bestandteile Ihrer Ausführungen miteinander verknüpfen. Nutzen Sie Ihren Schreibplan und Ihre vorliegenden Analysen als Arbeitsgrundlage. Verwenden Sie ein gesondertes Blatt.*

**2** *Überprüfen und überarbeiten Sie die gesamte Erörterung anhand der Checkliste von S. 46.*

## Checkliste

### Aufbau

- [ ] Habe ich die Arbeit gegliedert und übersichtlich strukturiert?
- [ ] Habe ich meinen Gedankengang durch Absätze veranschaulicht?
- [ ] Habe ich sinnvolle Übergänge zwischen Einleitung, Hauptteil und Schluss sowie den einzelnen Aufgabenteilen gefunden?

### Inhalt

- [ ] Habe ich Angaben zu Autor/Autorin, Titel, Textsorte und Thema gemacht?
- [ ] Führt meine Einleitung zur Aufgabenstellung hin und ist sie angemessen (Thematik, Umfang)?
- [ ] Habe ich die Aussage des Textes erkannt und formuliert?
- [ ] Geht meine Analyse über eine reine Wiedergabe hinaus?
- [ ] Habe ich aufgezeigt, wie das Thema entfaltet wird?
- [ ] Habe ich die Verknüpfung der Argumente erkannt und dargelegt?
- [ ] Habe ich die Position des Autors/der Autorin sachlich und ohne Wertung wiedergegeben?
- [ ] Habe ich Aussagen des Autors/der Autorin im Konjunktiv wiedergegeben?
- [ ] Habe ich die Bedeutung der sprachlichen Gestaltung für den Inhalt erklärt?
- [ ] Habe ich dargelegt, ob die Argumentation stimmig ist?
- [ ] Habe ich dargelegt, ob die Argumentation überzeugend ist?
- [ ] Habe ich bei der Darlegung meiner eigenen Sichtweise weitere stützende Argumente oder entsprechende Gegenargumente genannt?
- [ ] Enthält mein Schluss eine Wertung oder Verbindung zur Einleitung?

### Sprachliche Gestaltung und Form

- [ ] Ist die Textanalyse – wie die Stellungnahme auch – im Präsens geschrieben?
- [ ] Ist mein Ausdruck klar, verständlich und angemessen?
- [ ] Habe ich meinen Aufsatz auf häufige Rechtschreibfehler überprüft?
- [ ] Habe ich Wörter nachgeschlagen, bei deren Schreibweise ich unsicher war?
- [ ] Habe ich Flüchtigkeitsfehler gefunden und korrigiert?
- [ ] Habe ich die Regeln der Zeichensetzung beachtet?
- [ ] Ist die äußere Form meiner gesamten Arbeit ansprechend?
- [ ] Ist meine Schrift gut lesbar?

## Textrevision: Einen Aufsatz überarbeiten

Aus einem Schüleraufsatz liegt folgender Auszug aus dem Thesenreferat vor.

**Überarbeiten Sie diesen Auszug. Gehen Sie dabei folgendermaßen vor:**
**– Schreiben Sie in die Tabelle, was verbessert werden muss.**
**– Schreiben Sie den Aufsatz neu. Verwenden Sie ein gesondertes Blatt.**

| | |
|---|---|
| Mit statistischen Fakten führt die Autorin in die Problematik ein und betont, dass 40 Prozent der Bundesbürger ohne Internetzugang sind. Dieses Phänomen erstreckt sich auf alle Altersgruppen und ist nicht schichtenspezifisch. Lediglich in Bayern sei eine andere Entwicklung feststellbar.<br>Das Gegenargument, auch ohne Internet im Alltag bestehen zu können, entkräftet sie mit nachvollziehbaren Beispielen. So sind der Kauf von Bahn- und Flugtickets, der Zugang zum Bankkonto oder sogar das Formular für die Abwrackprämie ohne Internetnutzung nicht mehr möglich.<br>Ebenso öffnet das Internet die Tür zu einer spannenden Welt, in der sich nur wenige Nutzer wirklich gut auskennen. Offenbach sieht den Grund für mangelnde Kenntnisse im Umgang mit dem neuen Medium vor allem darin, dass an vielen Schulen zu wenig EDV unterrichtet wird und Basiskurse nur notdürftig die Grundlagen vermitteln. Dies alles geschehe, weil IT-Pädagogen fehlten. Da sich das Problem nicht von selbst behebe, so ihre Feststellung, müsse zwangsläufig etwas getan werden, um in bildungspolitischer Hinsicht nicht genauso zu scheitern wie in der Vermittlung von Deutschkenntnissen bei Migranten. In dem zuletzt genannten Punkt werde ich ihr nachher ausdrücklich widersprechen.<br>Da Frauen den Männern im IT-Bereich das Feld überlassen hätten, gilt es für Frauen, auf diesem Gebiet nachzuholen.<br>Kaum ein Beruf – so Offenbach – kann heute ohne Computerkenntnisse ausgeübt werden. Die Autorin sieht bei Hauptschülern zudem noch das Problem, dass diese ihrer Meinung nach ohne solche Kenntnisse ein Bewerbungsgespräch kaum überstehen könnten. In der Folge würden sie später überhaupt Situationen vermeiden, in denen Leistung gefordert ist.<br>Mit einem seltsam anmutenden Beispiel aus Bundeswehrkasernen, in denen bisweilen angeblich noch mit dem Fernschreiber kommuniziert werde, beendet Offenbach ihre Ausführungen und fordert, sich dem Internet zu öffnen, um aus einem „fremden Etwas einen hilfreichen, wenn nicht gar den hilfreichsten Freund zu machen“. | Dieses Problem erstrecke sich … |

## Mein persönlicher Lerncheck

Schätzen Sie Ihren Lernstand in Hinblick auf die Aufgabe „Eine textgebundene Erörterung schreiben“ ein. Beziehen Sie auch die Übungen zur Textrevision mit ein. Schreiben Sie die Vorlage zum persönlichen Lerncheck von der vorderen Umschlagseite dieses Arbeitsheftes ab und füllen Sie diese aus.

# Weiterschreiben

Wenn Sie nach einer weiteren Trainingsmöglichkeit für diese Aufgabenart suchen, befassen Sie sich mit folgendem Text und der vorliegenden Aufgabe.

**Geben Sie die Hauptaussagen des Autors Hermann Gröhe wieder und analysieren Sie seine Argumentation. Nehmen Sie Stellung zu seinen Aussagen.**

## Hermann Gröhe: Betonieren „Tafelbewegung“ und Suppenküchen die Armut in Deutschland, wie ein Soziologe behauptet? Ein Widerspruch

In vielen Städten Deutschlands versorgen „Tafelläden“ Bedürftige mit Lebensmitteln, die von Supermärkten, Großmärkten, Bäckereien oder Hotels gespendet und von ehrenamtlichen Helferinnen und Helfern ausgegeben werden. Lebensmittel, deren Mindesthaltbarkeitsdatum naht, einwandfreies Gemüse, das gleichwohl frischerer Ware weichen muss, Angebote vom Vormonat, die das neue Sortiment verdrängt, Backwaren vom Vortag – dies alles hilft bedürftigen Menschen. Und dies alles erreicht sie nur, weil fast 40 000 Ehrenamtliche in rund 800 Tafeln unentgeltlich und verlässlich im Einsatz sind, um rund eine Million Menschen zu versorgen.

Seit 1996 gibt es auch in meiner Heimatstadt die „Neusser Tafel“ mit gut dreißig Helferinnen und Helfern, dem „Tafelladen“, drei „Tafelmobilen“, einem Treff für Ältere und zahlreichen Einsätzen in Kinder- und Jugendeinrichtungen sowie in Schulen. Manche Helferin und mancher Helfer sind von Anfang an dabei. Ihr beharrlicher Einsatz beeindruckt mich.

Da lässt es mich aufhorchen, wenn der Soziologe Stefan Selke erklärt, die Tafelbewegung verfestige Armut. Die politische Folge: „die legitimen Ansprüche von Armutsbetroffenen auf staatliche Hilfe“ nähmen ab. Hilfe mit ungewollter Nebenwirkung, entmündigende Fürsorge gar? Ich denke, die kritischen Anfragen von Selke müssen ernst genommen werden, zumal seine Studie auf einer

einjährigen Mitarbeit in einer Tafel beruht. Dennoch widerspreche ich seiner zentralen These.
Gerade in meinen zahlreichen Gesprächen mit Aktiven der „Neusser Tafel" oder im eigenen Engagement in der heimischen Diakonie ist meine Überzeugung gewachsen, dass die Armut in unserem Land nicht nur mit Rechtsansprüchen auf staatliche Leistungen bekämpft werden kann – so notwendig diese als Grundlage bleiben. Neben finanzieller bedarf es häufig auch menschlicher Zuwendungen, die über professionelle Beratungsgespräche in akuten Notlagen hinausgehen. In „Tafelläden" sind solche Begegnungen möglich. Da gibt es nicht nur Lebensmittel so gut wie umsonst, sondern auch Kochtipps – besonders nützlich dann, wenn das Geld nicht reicht, weil mangelnde Kochkenntnisse, Fast Food und Tiefkühlpizza den Speiseplan der Familie bestimmen. Kinder, denen ein knurrender Magen das Aufpassen in der Schule erschwert, die aber Handy und MP3-Payer ihr Eigen nennen, brauchen mehr als die jetzt für ältere Kinder erhöhten Hartz-IV-Regelsätze.
Gewiss: Das Tafelprinzip darf nicht dazu führen, dass der Sozialstaat Gebotenes unterlässt. Dass aber erst ein Verzicht auf die Nahrungsmittelhilfen der Tafeln und die damit verbundene wachsende Not der Betroffenen diese zum deutlichen Protest und den Sozialstaat zum Handeln zwingen würden, halte ich für ein Zerrbild unseres sozialen Netzes. Selbsthilfegruppen, Wohlfahrtsverbände und auch unsere Gerichte wachen zu Recht über die Ansprüche Bedürftiger.
Dazu gehören auch die vielen Aktivitäten bei Tafeln. Für sie haben die Bedürftigen Namen und Geschichte, sind sie keine statistische Größe. In ihrem Einsatz überwinden sie gesellschaftliche Barrieren, widersetzen sich dem Auseinanderdriften von Arm und Reich unserer Gesellschaft. Häufig engagieren sie sich für die Rechte der Bedürftigen, fordern etwa eine verbesserte Schuldnerberatung oder weisen Betroffene überhaupt erst auf derartige Angebote hin. Ein starker Sozialstaat braucht nicht nur ausreichende Steuereinnahmen, sondern auch solche Bereitschaft, Zeit und Fähigkeiten verlässlich einzubringen. Gut, dass es solches Engagement gibt.
*(Chrismon, April 2009)*

# KAPITEL 5

# Interpretation von Prosatexten

## Die Aufgabe

Interpretieren Sie die Kurzgeschichte „Unser Eduard“ von Paul Schallück.
- Gehen Sie dabei vor allem auf die unterschiedlichen Charakterisierungen Eduards ein.
- Analysieren Sie, mit welchen erzähltechnischen und sprachlichen Mitteln der Autor die Aussagen stützt.

## Die Aufgabe verstehen

Diese Überlegungen helfen Ihnen, die Aufgabe zu bearbeiten:
- den ersten Leseeindruck festhalten
- Inhalt und Aufbau des Textes verstehen und erfassen
- den wesentlichen Inhalt des Textes in einer Inhaltsangabe wiedergeben
- Kriterien für eine Textinterpretation kennen und anwenden:
  - Figuren charakterisieren
  - die Beziehungen der Figuren zueinander und die Gründe für ihr Handeln beschreiben
  - die erzähltechnische und sprachliche Gestaltung des Textes untersuchen und ihre Funktion für die Textaussage deuten
- Arbeitsergebnisse mit Zitaten belegen
- Text auch hinsichtlich der Bedeutung für den Leser und/oder hinsichtlich seiner Aktualität analysieren

## Die Inhaltsangabe vorbereiten

**1** *Lesen Sie den Text.*

### Paul Schallück: Unser Eduard

„Er war mein Sohn, mein einziger. Ich begreife es nicht. Sie gehen durchs Haus und flüstern viel, seine Mutter und seine Schwester. Wenn ich heimkomme, verstummen sie. Betrete ich das Zimmer, blicken sie nicht auf. Bei Tisch fällt kaum ein Wort. Sie schweigen mich an, sie strafen mich. Bin ich denn schuld? War ich zu streng? Ich musste streng sein. Er war sehr begabt, aber verspielt, zu weich; verwöhnt worden von denen, die jetzt schweigen. Als er vierzehn wurde, durfte er mit an die Costa Brava; von da an übernahm ich seine Erziehung. Er wollte ein Schlauchboot. Ich sagte: Lerne schwimmen, dann bekommst du eins. Er lernte es – in einer Woche. So wollte ich ihn vorbereiten auf das Leben. Er musste begreifen, dass ihm nichts geschenkt wurde. Auch mir hat niemand etwas geschenkt. Das sagte ich ihm, als er sechzehn war, wie ich mich abgemüht, den Betrieb aufgebaut, ihn selbstständig erhalten hatte. Für ihn. Er wird stolz sein auf seinen Vater, ihm nacheifern, dachte ich. Die Schule fiel ihm leicht. Wenn er Lust hatte, war er der Beste in seiner Klasse. Nur – er hatte nicht immer Lust. Ein Sonnenstrahl konnte ihn ablenken oder ein Buch, ein Schnupfen schon und erst recht ein Fußballländerspiel. Wie besessen lief er Tag für Tag zum Fußballplatz und vergaß seine Schulaufgaben. Ich schloss die Fußballschuhe ein,

und er lernte wieder, für ein paar Wochen. Dann begann er, Trompete zu blasen. Er schrieb Gedichte, kletterte in die Berge und sammelte Steine, ersparte und erbettelte sich ein Fernrohr und beobachtete die Sterne in langen Nächten, tauschte das Rohr gegen ein Moped ein, raste durch unsere Gartenstadt, ließ die Maschine verrosten, malte abstrakt, züchtete Fische – alles für ein paar Wochen. So wechseln viele Jungen ihre Neigungen, ich weiß. Er aber vergaß darüber seine Pflichten.
Er wurde siebzehn und achtzehn und hatte noch immer nicht gelernt, sich zu konzentrieren. Dann entdeckte er die Mädchen und kam zum ersten Male mit einer Fünf nach Hause. Nach jeder erloschenen Begeisterung redete ich ihm ins Gewissen, drohte, kürzte sein Taschengeld, sperrte den Ausgang, nahm ihn während der Osterferien in den Betrieb, ins Labor. Wenn ich ihn ins Gebet nahm, sah er ein, wie fahrig er dahinlebte, jedem Winde nach, und versprach, härter zu werden. Wenn ich ihn strafte, weinte er. Ein aufgeschossener achtzehnjähriger Junge. Im letzten Sommer dann fuhren seine Mutter und seine Schwester allein an die Costa Brava. Ich blieb mit ihm zu Haus. Wir erarbeiteten einen Stundenplan, und ich erklärte: Deine letzte Chance, Eduard; wirst du nicht in die Oberprima[1] versetzt, nehme ich dich von der Schule. Ein Ultimatum, ich weiß. Ob ich es wahr gemacht hätte – ich weiß es nicht. Ihn jedenfalls, ihn hat es erschreckt, ich gebe es zu. Aber durfte ich ihn nicht einschüchtern? Wie hätte er sonst ein tüchtiger Mensch werden können und das Leben bestehen? Musste ich denn voraussehen, dass es ihn zermürben würde? Bin ich deswegen schuld an deinem Tod, Eduard? Ich kann es nicht glauben. Du warst ungezügelt von Natur aus, du konntest dich nicht beherrschen. Es war eine Kurzschlusshandlung, Eduard. Ein paar schlechter Noten wegen springt man nicht von der Brücke. Dafür wirft man doch sein Leben nicht weg, Eduard, mein Junge!"
„Edi war mein Junge, mein einziger Sohn, und er war ein guter Junge, das schwöre ich zu Gott, denn wer sollte das besser beurteilen können als ich, seine Mutter, die er verlassen hat, weil er mit einer unergründbaren Leidenschaft eigensinnig war und etwas suchte, schon als kleiner Junge etwas suchte, denn schon als kleiner Junge wollte er alles oder nichts. So war er veranlagt, mein Edi, nicht anders: alles oder nichts. Wenn sein Vater meint, er sei von Natur aus ungezügelt gewesen und habe sich die neunzehn Jahre seines Lebens nur gehen lassen und sich niemals konzentrieren können, wie es wohl den Anschein haben mochte, wenn man ihn von einem festen Standpunkt aus beobachtete, oder was sein Vater sich sonst noch bereitgelegt hat, um das Ungeheure zu erklären, dann kann ich nur sagen: Sein Vater folgt einer falschen Spur. Edi war ein ernster Junge, viel zu ernst sogar für sein Alter, und er war es von Kindheit an, ich habe ihn nur selten lachen gesehen, denn, obwohl es schien, als flattere er jedem Winde nach, war er doch jedes Mal mit einem Ernst am Werk, der mich besorgt und ihn besessen machte. Er suchte etwas, von dem ich lange nicht ahnte, was es war, bis er eines Tages, er mag zehn gewesen sein oder elf, aus der Kirche kam und sagte, sehr ernst, aber ohne ein Zeichen von Erregung: Weißt du, Mutter, ich könnte mir das Leben nehmen. Ich war verblüfft und erschrocken und ich habe ihn ausgelacht, so dass er wütend wurde und mich anfuhr: Lach nicht! Lach nicht! Ich könnte mir wirklich das Leben nehmen! Da war ich verblüfft und erschrocken und wohl auch bleich. Aber warum denn, mein Junge, habe ich dann endlich gefragt. Und er blickte mich an wie ein sehr alter Mann: Um zu

1 Oberprima: entspricht der Abschlussklasse im Gymnasium

wissen, wer Gott ist, sagte er. Ich hatte das vergessen. Jetzt sehe ich ihn wieder vor mir und höre ihn wieder sprechen, und ich glaube fest, dass er wahr gemacht hat, worüber ich gelacht habe. Mit Verbissenheit hat er gesucht, sein Leben lang und überall, einen Halt meinetwegen, wenngleich ich behaupte, er hat Gott gesucht, überall, in seinen Gedichten so gut wie auf dem Fußballplatz, in der Geschwindigkeit seines Mopeds und in den Steinen und unter den Sternen natürlich und in den Farben und unter den Fischen und in der Musik. Auch bei den Mädchen. Gesucht und gesucht und doch nicht recht gewusst, was er zu finden hoffte in all dem, was ihn reizte und so rasch hinter ihm zurückblieb, ausgelaugt und weggeworfen, weil er nicht fand, was er suchte, und weil er sich vermutlich des Satzes nicht mehr erinnerte, den ich ihn noch immer sprechen höre: um zu wissen, wer Gott ist. Die schlechten Noten haben damit wenig zu schaffen. Denn am Morgen hatte ihnen der Mathematiklehrer das Einstein'sche Weltbild erklärt und gesagt, die Welt sei endlos, aber nicht unbegrenzt, oder so ähnlich, und Edi hatte zugehört wie einem neuen Evangelium und dann mit kalter Stimme gefragt, wo denn in dieser Welt Gott einen Platz habe, und der Mathematiklehrer hatte ihn lächelnd an den Religionslehrer verwiesen, und am Mittag dann hat er sich von den Schulkameraden gelöst und ist allein zur Brücke gegangen und hat das Letzte versucht, um zu finden, was er suchte. Du wolltest alles oder nichts, Edi, mein Junge, aber das war nicht richtig, es lässt sich ja nicht zwingen, ein bisschen Demut hat dir gefehlt und ein bisschen Vertrauen zu deiner Mutter, warum bist du nicht zu mir gekommen, Edi, warum nicht, warum denn nicht zu deiner Mutter, Edi?“

„Ed, mein kleiner Bruder, war ein Junge wie andere, ein bisschen begabter vielleicht und feiner gesponnen, das war aber auch der einzige Unterschied. Er spielte gern, saß gern auf einer schnellen Maschine, wechselte seine Hobbys, tat alles, was andere Jungen auch tun. Er war ja viel jünger als seine Jahre. Erst als er den Mädchen begegnete, begann die Kalamität[2]. Er war prächtig gewachsen, der Ed, und er konnte an jeder Hand zehn haben – und hatte sie auch. Nur – er war nie zufrieden. Was sie ihm gaben – und das war nicht wenig, es war alles in ihren Augen –, es genügte ihm nicht. Er verlangte mehr, Liebe verlangte er, obwohl er selbst es vermutlich nicht wusste, das Wort jedenfalls gebrauchte er nie, er machte sich darüber lustig. Aber darauf wartete er. Liebe von Mädchen, die nicht wissen, was das ist, wie er nicht wusste, was das ist. Daran ist er zugrunde gegangen, ganz langsam. Er war ja noch nicht ausgereift, geistig, meine ich. In seiner Klasse gab es zwei Mädchen. Die kicherten, als ihm mitgeteilt wurde, es sei nicht sicher, ob er mit den schlechten Noten versetzt werden könne. Das Kichern war sein Verhängnis. Wir achten zu wenig auf die kleinen Dinge, ein Wort, ein Blick, eine Geste oder ein Kichern, besonders in Eds Jahren. Die Mädchen haben ihn auf dem Gewissen, aber sie wissen es nicht. Unschuldig wie kleine Tiere.“

„Unsinn, mein Freund Eddi, mit doppeltem d, der suchte nicht mehr, nirgendwo und nichts, der ließ sich von einem Kichern nicht umwerfen. Der hatte längst gefunden, was er suchte. Der wusste, was er wollte, wie wir alle, ich auch. Er wusste längst, dass alles keinen Sinn hat. Er probierte noch ein bisschen, mal hier, mal da, so zum Spiel und aus Vergnügen. Aber es war gleichgültig, ob er auf seinem Moped lag oder auf einem Mädchen. Es interessierte ihn nur so lange, wie es dauerte. Dann war's vorbei und langweilte ihn entsetzlich. Ich bin genauso,

**2** Kalamität: sehr große Verlegenheit, schwierige Lage

darum weiß ich es. Was er anfasste, das gelang ihm, das war sehr merkwürdig, aber es machte ihm keinen Spaß, dass es ihm so gelang. Es hat doch alles keinen Sinn. Wozu denn? Was soll das alles? Die schlechten Noten hätte er bis zur Versetzung mit der linken Hand korrigiert. Dass er's an diesem Tag getan hat, war nur, um die Alten auf die falsche Spur zu locken. Er hätt's schon ein halbes Jahr früher tun können oder ein halbes Jahr später. Der beste Schüler der Klasse verübt Selbstmord ein paar schlechter Noten wegen. Das ist paradox, und das war das Einzige, das er liebte. Ich beneide ihn, weil er härter war als wir alle, weil er den Mut gehabt hat, wozu ich nie den Mut haben werde. So war unser Eddi, mit doppeltem d."

**2** *Wie wirkt der Text auf Sie? Notieren Sie Ihren ersten Leseeindruck.*

## Inhalt und Aufbau des Textes verstehen

**1** *Beschäftigen Sie sich mit der Thematik des Textes.*

*a)* Formulieren Sie das Thema des Textes in einem Satz.

*b)* Nennen Sie die Textstelle, in der der Leser zum ersten Mal erfährt, was genau geschehen ist.

*c)* Notieren Sie, welche Gründe für Eduards Tod genannt werden.

**2** *Erläutern Sie, warum einige Angaben ungenau sind oder gänzlich fehlen.*

**3** *Setzen Sie sich mit Ort, Zeit und Figuren des Textes auseinander. Nennen Sie*

*a)* den Ort und den Zeitpunkt des Selbstmordes,

*b)* die Figuren.

**4** *Beschreiben Sie den Textaufbau.*

## Die Inhaltsangabe schreiben

Der eigentlichen Textinterpretation wird immer eine kurze Inhaltsangabe vorangestellt.

**Basiswissen** | **Inhaltsangabe eines literarischen Textes**

Die Inhaltsangabe fasst die wesentlichen Aspekte eines Textes sachlich zusammen. Sie ist in Einleitung, Hauptteil und Schluss gegliedert. Der erste Satz enthält Angaben über den Titel, den Autor bzw. die Autorin, die Textsorte sowie den Erscheinungsort und das Erscheinungsdatum. Zudem wird das Thema benannt. Dann folgen kurze Informationen über die Zeit, den Ort und die Atmosphäre des Geschehens, den Handlungsverlauf (ggf. den Textaufbau) sowie die handelnden Figuren und ihr Verhältnis zueinander (Figurenkonstellation). Die Inhaltsangabe wird im Präsens verfasst.

**Tipp**
Denken Sie daran, dass eine Inhaltsangabe keine Nacherzählung ist. Haben Sie den Mut, eine wirklich kurze Inhaltsangabe zu verfassen.

**1** *Schreiben Sie die Inhaltsangabe zu dem vorliegenden Text auf einem gesonderten Blatt. Nutzen Sie dazu die Ergebnisse der vorherigen Aufgaben.*

## Die Textinterpretation vorbereiten

### Die Figurenkonstellation analysieren

**1** *Setzen Sie sich mit den Beziehungen der Figuren auseinander.*

*a)* Notieren Sie, welche Namen sich die Figuren um Eduard untereinander geben und welche Rückschlüsse sich daraus auf deren Beziehung ableiten lassen.

*b)* Notieren Sie, welche Namen Eduard gegeben werden und was sie über das jeweilige Verhältnis von Vater, Mutter, Schwester und Freund zu Eduard aussagen.

**2** *Beschreiben Sie die einzelnen Figuren und deren Beziehung zu Eduard.*

**3** *Erläutern Sie, wie die einzelnen Figuren mit Eduards Tod umgehen.*

## Eduard charakterisieren

**1** *Charakterisieren Sie die Figur Eduard.*

*a)* Markieren Sie im vorliegenden Text Schlüsselbegriffe und Kernaussagen, die Eduard charakterisieren.

*b)* Sammeln Sie Adjektive, die Vater, Mutter, Schwester und Freund verwenden, um Eduard zu beschreiben.

## Sprache und Stil

**2** ***Setzen Sie sich mit dem Begriff ‚Demut' auseinander.***

*a)* Erklären Sie die Aussage der Mutter, „ein bisschen Demut hat dir gefehlt" (Z. 86).

*b)* Finden Sie Synonyme und Antonyme für den Begriff ‚Demut'.

**3** ***Vergleichen Sie, wie die Eltern ihren Sohn beschreiben.***

**4** ***Notieren Sie, inwiefern sich die Beschreibungen Eduards durch seine Schwester und seinen Freund voneinander unterscheiden.***

**5** ***Erläutern Sie mögliche Widersprüche zwischen den einzelnen Aussagen über Eduard.***

## Erzähltechnische und sprachliche Mittel analysieren

**Basiswissen** | **Erzählhaltung, Darbietung des Erzählens, Zeitgestaltung**

| | |
|---|---|
| auktoriale Erzählhaltung: | Der Erzähler hat einen Überblick über das Geschehen. Er weiß mehr als die Figuren, steht außerhalb des Geschehens. |
| personale Erzählhaltung: | Das Geschehen wird aus dem Blickwinkel einer Figur betrachtet, deren Gedanken und Gefühle prägen die Darstellung. |
| Ich-Haltung: | Das Geschehen wird vom Erzähler unmittelbar erlebt und in der Ich-Form übermittelt. |
| Innerer Monolog: | Die Figur gibt in der Ich-Form wieder, was sie denkt und fühlt. |
| Erzählbericht: | Das Geschehen wird durch den Erzähler vermittelt. |
| Erlebte Rede: | Gedanken und Gefühle einer Figur werden in der 3. Person wiedergegeben. |
| Erzählzeit: | Zeit, in der das Geschehen erzählt wird |
| Erzählte Zeit: | Zeitraum, in dem sich das Geschehen abspielt |
| Zeitraffung/Zeitdehnung: | Die Erzählzeit ist kürzer bzw. länger als die erzählte Zeit. |
| Zeitdeckung: | Die Erzählzeit und erzählte Zeit sind identisch. |

**1** *Setzen Sie sich mit den Merkmalen des Erzählens auseinander. Legen Sie dar,*

*a)* welche Erzählhaltung vorliegt,

___

*b)* wie das Erzählte dargeboten wird,

___

*c)* wie die Zeit gestaltet wird.

___

**2** *Notieren Sie, wie die in Aufgabe 1 erarbeiteten Erzählformen auf den Leser wirken.*

___

___

___

___

___

___

___

**3** *Beschäftigen Sie sich mit Sprachvarietät und Satzbau.*

a) Kreuzen Sie die im Text benutzten Varietäten an: ☐ Umgangssprache

☐ Standardsprache ☐ Fachsprache ☐ Dialekt ☐ Jugendsprache

b) Welchen Personen sind diese zuzuordnen und wie wirkt deren Gebrauch auf den Leser?

______________________________________________________________

______________________________________________________________

**4** *Analysieren Sie die Besonderheiten des Satzbaus. Gehen Sie dabei abschnittsweise vor und verwenden Sie dazu ein gesondertes Blatt.*

**Basiswissen** | **Satzbau**

**Parataxe** (Satzreihe): Hauptsätze werden aneinandergereiht. Dadurch werden die Aussagen nebeneinandergestellt und ihre Gleichwertigkeit wird betont.
**Hypotaxe** (Satzgefüge): Hauptsatz und Nebensatz bzw. Nebensätze werden miteinander verbunden. So wird der argumentative Zusammenhang der Aussagen hervorgehoben.

## Test

**5** *Ordnen Sie die Sätze mit einem Pfeil einer bzw. mehreren entsprechenden rhetorischen Figuren zu.*

| | |
|---|---|
| „Das ist paradox, und das war das Einzige, [...].“ (Z. 120 f.) | Alliteration |
| „Lach nicht! Lach nicht!“ (Z. 62 f.) | Aufzählung |
| „Unschuldig wie kleine Tiere.“ (Z. 105 f.) | Antithese |
| „[...], denn schon als kleiner Junge wollte er alles oder nichts.“ (Z. 47 f.) | Anapher |
| „Für ihn.“ (Z. 12) | Parallelismus |
| „Sie schweigen mich an, sie strafen mich.“ (Z. 4) | Trias |
| „[...], ein Wort, ein Blick, eine Geste oder ein Kichern, [...].“ (Z. 104) | Ellipse |
| „[...], wie ich mich abgemüht, den Betrieb aufgebaut, ihn selbstständig erhalten hatte.“ (Z. 11 f.) | Wiederholung |
| „Der wusste, was er wollte, wie wir alle, [...].“ (Z. 109) | Vergleich |

**6** *Analysieren Sie die rhetorischen Figuren des vorliegenden Textes. Verwenden Sie dazu ein gesondertes Blatt.*

a) Notieren Sie die Stilmittel, die im Text am häufigsten vorkommen.

b) Erläutern Sie, wie sie auf den Leser wirken.

# Die Textinterpretation schreiben

## Die einzelnen Bestandteile zusammenfügen

Bevor Sie eine Textinterpretation anfertigen, sollten Sie einen Schreibplan erstellen, der die wichtigsten Gliederungspunkte Ihres Aufsatzes enthält.

**Arbeitstechnik** **Eine Textinterpretation verfassen**

Die Einleitung Ihrer Arbeit beinhaltet in der Regel die Inhaltsangabe des Textes mit den Informationen zu Text und Verfasser. Im Hauptteil fügen Sie die Ergebnisse Ihrer Interpretation mit denen der Sprachanalyse zusammen. Für eine aussagekräftige sprachliche Erarbeitung ist es wichtig, die rhetorischen Figuren nicht nur aufzuzählen, sondern sie hinsichtlich ihrer Wirkung zu deuten. Im Schlussteil können Sie sich allgemein zum Text und zu der behandelten Thematik äußern, Ihre Kritik oder Ihre persönliche Leseerfahrung einbringen.

**1** *Schreiben Sie Ihren Interpretationsaufsatz, indem Sie die einzelnen Bestandteile Ihrer Ausführungen miteinander verknüpfen. Nutzen Sie dafür Ihren Schreibplan und Ihre Analyse als Arbeitsgrundlage. Verwenden Sie ein gesondertes Blatt.*

**2** *Überprüfen und überarbeiten Sie die gesamte Arbeit anhand der folgenden Checkliste.*

## Checkliste

**Aufbau**

- ☐ Ist mein Aufsatz in Einleitung, Hauptteil und Schluss gegliedert?
- ☐ Wird mein Gedankengang auch durch Absätze veranschaulicht?
- ☐ Habe ich sinnvolle Übergänge zwischen Einleitung, Hauptteil und Schluss sowie den beiden Aufgabenteilen gefunden?

**Inhalt**

- ☐ Enthält meine Einleitung Angaben zu Autor/Autorin, Titel, Textsorte und Thema?
- ☐ Führt meine Einleitung zur Aufgabenstellung hin und ist sie angemessen?
- ☐ Habe ich alle Kriterien für das Verfassen einer Inhaltsangabe angewandt?
- ☐ Habe ich den wesentlichen Inhalt (W-Fragen) zusammengefasst?
- ☐ Habe ich die Figuren charakterisiert?
- ☐ Habe ich meine Interpretation durch Zitate belegt?
- ☐ Habe ich die sprachliche Gestaltung (Textaufbau, Satzbau, Wortwahl) beschrieben und deren Bedeutung für den Inhalt erklärt?
- ☐ Habe ich die Aussage des Textes erkannt und formuliert?
- ☐ Rundet mein Schluss den Aufsatz ab?
- ☐ Enthält mein Schluss eine Wertung oder Verbindung zur Einleitung?

**Sprachliche Gestaltung und Form**

- ☐ Ist die Interpretation – wie die Inhaltsangabe auch – im Präsens geschrieben?
- ☐ Ist mein Ausdruck klar, verständlich und angemessen?
- ☐ Habe ich meinen Aufsatz auf häufige Rechtschreibfehler überprüft?
- ☐ Habe ich Wörter nachgeschlagen, bei deren Schreibweise ich unsicher war?
- ☐ Habe ich Flüchtigkeitsfehler gefunden und korrigiert?
- ☐ Habe ich die Regeln der Zeichensetzung beachtet?

# Textrevision: Einen Aufsatz überarbeiten

Der folgende Auszug aus einem Schüleraufsatz enthält die Einleitung und die Inhaltsangabe der Kurzgeschichte. Die Fehler im sprachlichen Bereich wurden bereits verbessert.

**Überarbeiten Sie diesen Auszug. Gehen Sie dabei folgendermaßen vor.**
**- Schreiben Sie in die rechte Spalte, was verbessert werden muss.**
**- Schreiben Sie den Aufsatz neu. Verwenden Sie ein gesondertes Blatt.**

## Unser Eduard

In der Kurzgeschichte „Unser Eduard" von Paul Schallück werden die Gedanken und Gefühle der Personen geschildert, die Eduard nahestehen, einem Schüler, der sich kurz zuvor umgebracht hat.

Informationen fehlen

Die Geschichte ist in vier Abschnitte gegliedert, in denen jeweils der Vater, die Mutter sowie die Schwester und ein guter Freund ihre Reaktionen auf Eduards Tod schildern. Der auktoriale Erzähler informiert den Leser so über die Persönlichkeit Eduards und dessen mögliche Motive für den Selbstmord. Der Vater berichtet über Eduards Hobbys und Neigungen. Für ihn war Eduard sehr verspielt, weich und verwöhnt. Für die Mutter dagegen war er ein ernster Junge, der überall nach Gott suchte. Auch die Schwester kommt zu Wort. Sie erklärt den Freitod ihres Bruders mit dessen großem Verlangen nach Liebe und seiner Unfähigkeit, die kleinen Dinge der Welt zu schätzen. Eduards bester Freund denkt anders und sagt, dass für Eduard alles keinen Sinn mehr hatte. Er sei mutig genug gewesen, sich umzubringen. Er sieht in seinem Freund den „coole[n]" Eddi, mit doppeltem d.

In der Familie wird kaum noch miteinander kommuniziert. Vor allem der Vater fühlt sich ausgegrenzt: „Wenn ich heimkomme, verstummen sie. Betrete ich das Zimmer, blicken sie nicht auf. Bei Tisch fällt kaum ein Wort. Sie schweigen mich an, sie strafen mich." (Z. 4) Hier wird deutlich, wie allein er sich fühlt und welche Last er tragen muss.

Der Text beinhaltet die Merkmale einer Kurzgeschichte: So beginnt die Handlung völlig unvermittelt. Es gibt nur die eine Hauptperson, die man durch die Spiegelung der Gedanken der vier Personen kennenlernt. Auch das Ende bleibt offen, ein weiteres Merkmal einer Kurzgeschichte.

Der Leser wird mit einer vielschichtigen Problematik konfrontiert. Eduards Motive für seinen Selbstmord können nicht vollständig geklärt werden. Man nähert sich dem Problem aus verschiedenen Perspektiven, von denen jede nur einen Erklärungsansatz liefert. Die entscheidende Frage bleibt: Wer war er wirklich?

# Mein persönlicher Lerncheck

Schätzen Sie Ihren Lernstand in Hinblick auf die „Interpretation von Prosatexten" ein. Beziehen Sie auch die Textrevision mit ein. Schreiben Sie die Vorlage zum Lerncheck von der vorderen Umschlagseite dieses Heftes ab und füllen Sie diese aus.

## Weiterschreiben

Wenn Sie nach einer weiteren Trainingsmöglichkeit für diese Aufgabenart suchen, analysieren und interpretieren Sie den folgenden Text.

### Burkhard Spinnen: Ente Orange

Am Morgen wird Kortschläger entlassen. New economy, sagt Dörfler. Heute noch auf hohen Rossen, morgen durch die Brust geschossen. Kortschläger bleibt vollkommen ruhig. Wenn er Dörfler wäre, würde er das Gleiche tun. So muss man denken. Dann packt er in Ruhe seine privaten Sachen in eine Plastiktüte.
Am Abend ist das große Abschlussessen im Kochseminar. Es soll Ente geben. Ente ist die Krönung, hat Sven, ihr Lehrer, gesagt. An Ente könne man einfach am meisten verderben. Aber wenn bei Ente alles stimme – ja, dann lecke sich jeder die Finger.
Kortschläger überlegt kurz, ob er nicht zu Hause bleiben und sich betrinken soll. Aber Dörfler wird sich auch nicht betrinken. Dörfler wird im Büro bleiben und sich weitere Einsparungen überlegen. Außerdem gibt es heute Abend nach dem Essen ein Diplom, das Kortschläger einrahmen und im Flur aufhängen will. Er nimmt den Bus, zu Ente gehört schließlich ein guter Tropfen.
Die Teilnehmer des Kochseminars tragen alle festliche Kleidung, darüber weiße Kittelschürzen. Es herrscht die allerbeste Stimmung. Auf dem großen Tisch liegen acht Enten, je eine für zwei Personen. Viel zu viel, aber heute soll es einmal nicht darauf ankommen. Sven gibt den Plan aus: Zweimal Ente mit Orangensauce, zweimal mit Pfirsich, zweimal mit Ananas, zweimal mit Granatapfel.
Und los!, sagt Sven. Paare bilden und anfangen mit dem Ausnehmen. Kortschläger steht neben Miriam, das ist beim letzten Mal vereinbart worden. Miriam ist zehn Jahre jünger als er und Unternehmensberaterin. Ziemlich eklig, sagt er, aber Miriam schüttelt den Kopf. Man muss schon wissen, was man isst. Nur dann kann man es auch genießen. Sie will in die Ente greifen, doch sie hält inne. Sie schaut an sich herunter.
Und, sagt Kortschläger, wie sieht's allgemein aus?
Überall Flaute, sagt Miriam, nur nicht bei uns. Sie lacht, sie schaut auf ihre Hände. Dann bindet sie ihre Kittelschürze los, legt sie ab und gleich darauf ihre weiße Bluse. Einen Moment steht sie im BH neben Kortschläger. Der BH ist rot, seine Träger haben ein Muster. Wie zwei Filmstreifen, denkt Kortschläger. Miriam zieht die Schürze wieder an. Blut an den Händen, sagt sie, ist kein Problem. Aber nicht an meiner besten Bluse!
Kortschläger hat den Atem angehalten. Es ist laut im Raum. Niemand schaut her. Übrigens, sagt er, mich haben sie heute Morgen gefeuert. Miriam greift in die Ente. Sie schreit. Dann zieht sie einen Plastikbeutel heraus, in dem die Innereien sauber übereinanderliegen. Sie schüttelt den Kopf. Dann sieht sie Kortschläger an. Schlimm!, sagt sie. Üble Zeiten. Sie reicht ihm ein Messer und eine Orange. Die Schale in sehr schmale Streifen schneiden. – Ob er das schaffe?
Kortschläger nimmt das Messer. Sicher, sagt er. Miriam lächelt ihn an. Auf ihrer Schulter leuchtet neben dem weißen Träger der Schürze der rote vom BH. Kortschläger nimmt die Orange. Vorsichtig setzt er das Messer an.

# KAPITEL 6

# Interpretation von lyrischen Texten

## Die Aufgabe

- Interpretieren Sie das Gedicht „Das graue Haar“ von Mascha Kaléko.
- Vergleichen Sie diesen Text mit dem Gedicht „Einer Jungfrauen Klage über nahendes Alter“ von Martin Opitz.

## Die Aufgabe verstehen

Diese Überlegungen helfen Ihnen, die Aufgabe zu bearbeiten:

- den ersten Eindruck notieren und den Inhalt mit eigenen Worten wiedergeben
- den Aufbau und die sprachliche Form untersuchen und beschreiben
- die Funktion der formalen Aspekte für den Inhalt deuten
- die Aussage des Gedichts erkennen und formulieren
- beim Vergleich: die Gedichte hinsichtlich Form und Inhalt vergleichen

## Die Gedichtinterpretation vorbereiten

**1** *Lesen Sie das Gedicht.*

### Mascha Kaléko: Das graue Haar

Ein welkes Sommerblatt fiel mir zu Füßen.
- Dein erstes graues Haar. Es sprach zu mir:
Mai ist vorbei. Der erste Schnee lässt grüßen.
Es dunkelt schon. Die Nacht steht vor der Tür.

Bald wird der Sturmwind an die Scheiben klopfen.
Im Lindenbaum, der so voll Singen war,
Hockt stumm und düster eine Krähenschar.
Hörst du den Regen von den Dächern tropfen?

So sprach zu mir das erste graue Haar.
Da aber ward ich deinen Blick gewahr,
Da sah ich, Liebster, lächelnd dich im Spiegel.
Du nicktest wissend: Ja so wird es sein.

Und deine Augen fragten mich im Spiegel,
Lässt mich die Nachtigall im Herbst allein?
Und meine Augen sagten dir im Spiegel:
Kommt, Wind und Regen, kommt! Wir sind zu zwein.

Das graue Haar, ich suchte es im Spiegel,
Der erste Kuss darauf, das war mein Siegel.
*(1958)*

**2** *Wie wirkt das Gedicht auf Sie? Notieren Sie Ihren ersten Leseeindruck.*

## Das Gedicht verstehen

**1** *Markieren Sie Schlüsselbegriffe und Kernaussagen des Gedichts.*

**2** *Bilden Sie Sinnabschnitte und geben Sie diesen Überschriften. Nutzen Sie dafür die linke Spalte.*

**3** *Welche Grundstimmung wird vermittelt? Belegen Sie Ihre Meinung mit Textverweisen.*

---

---

---

**4** *Formulieren Sie das Thema des Gedichts in einem Satz.*

---

---

## Die Form und die Sprache analysieren

**Arbeitstechnik** | **Elemente der Form- und Sprachanalyse bei Gedichten**

Wie bei allen Texten müssen Sie auch bei einem Gedicht nicht nur den Inhalt interpretieren, sondern auch Form und Sprache analysieren. Folgende Elemente sind dabei zu berücksichtigen:

**Lyrisches Ich:** Das lyrische Ich entspricht dem Erzähler in einem epischen Text. Es ist immer präsent, auch wenn es nicht immer durch den Begriff „ich" benannt wird.
**Interpretation des Inhalts:** Sie müssen nachvollziehbar darlegen, welche Figuren wie dargestellt werden und mit welcher Absicht sie etwas tun oder sagen.

**Formanalyse**

- Aufbau: Strophen-, Verszahl, evtl. besondere Formen, wie z. B. Sonett
- Reimschema: Paarreim (aabb), Kreuzreim (abab), umarmender Reim (abba)
- Metrum (Versmaß): Jambus (xx̀), Trochäus (x̀x), Anapäst (xxx̀), Daktylus (x̀xx)
- Kadenz (Betonung am Versende): a) weiblich oder klingend (*„Festgemauert in der Erden"*) und b) männlich oder stumpf (*„Steht die Form, aus Lehm gebrannt."*)
- Zeilenkomposition (Reimschema, freie Verse, freie Rhythmen)
- Zeilenstil (Übereinstimmung von Satz- und Versende) oder Hakenstil (Satz- und Versende stimmen nicht überein; der Satz geht im nächsten Vers weiter: sog. Enjambement – Zeilensprung)
- Sprachanalyse: Wortwahl; Satzbau; rhetorische Mittel (s. Klappentext)

**1** *Überlegen Sie, ob das lyrische Ich männlich oder weiblich ist, und begründen Sie Ihre Meinung.*

**2** *Charakterisieren Sie sowohl das lyrische Ich als auch das angesprochene „Du“. Belegen Sie Ihre Aussagen am Text.*

**3** *Beschreiben Sie die Beziehung der beiden. Belegen Sie Ihre Aussagen am Text.*

**4** *Markieren und benennen Sie die verwendeten sprachlichen Mittel. Nutzen Sie dafür die rechte Spalte neben dem Gedicht.*

**5** *Schreiben Sie die jeweiligen sprachlichen Mittel heraus und ordnen Sie ihnen stichpunktartig eine Funktion zu. Verwenden Sie dazu ein gesondertes Blatt. Schreiben Sie z. B. so:* „welkes Sommerblatt“ (V. 1) – Durch die Verwendung einer Metapher aus dem Bereich der Natur wird der beginnende Alterungsprozess veranschaulicht.

# Einen Gedichtvergleich durchführen

**1** *Interpretieren Sie das folgende Gedicht in Stichpunkten hinsichtlich Inhalt, Form und Sprache. Nutzen Sie dafür die Ränder.*

**Martin Opitz: Einer Jungfrawen Klage vber nahendes Alter***

ACh wo ist nun die Zeit / in der man pflag zu gleichen
Der Rosen schöner Zier mein' edele Gestalt?
Ja freylich bin ich so / nun ich bin graw und alt.
Eh' als der Sonnen Glantz die Rose kan erreichen

So muß sie durch die Lufft der Nacht zuvor verbleichen /
Vnd hat nur von dem Thaw ein wenig Vnterhalt:
So netzen mich jetzt auch die Trenen mannigfalt /
Weil ich die junge Zeit nun habe lassen schleichen.

Geht dann der Morgen an / so wird die Rose roth;
Ich werde Schamrot, auch gedenck ich an die Noth.
Doch hab ich diesen Trost daß gleich wie von den Winden

Die Rose wann der Tag sich neigt / wird abgemeit /
So werd' auch ich / weil nun mein Abend nicht ist weit
Kan ja es hier nicht sein / doch Ruh' im Grabe finden.
*(1624)*

* Text in originaler Schreibweise

**2** *Vergleichen Sie die beiden Gedichte hinsichtlich des thematischen Aspekts „Vergänglichkeit der Schönheit". Notieren Sie:*

*a)* Gemeinsamkeiten

*b)* Unterschiede

**3** *Zwischen der Entstehungszeit der beiden Gedichte liegen mehr als 300 Jahre und auch das „jüngere" Gedicht ist mittlerweile über 50 Jahre alt. Beurteilen Sie die Aktualität der beiden Gedichte. Verwenden Sie ein gesondertes Blatt.*

# Die Gedichtinterpretation schreiben

## Die einzelnen Bestandteile zusammenfügen

**Arbeitstechnik** **Eine Gedichtinterpretation verfassen**

In der Einleitung geben Sie dem Leser Informationen zu Autor, Titel, Textsorte, Erscheinungsjahr und Thema. Den Hauptteil beginnen Sie mit einer strukturierten Inhaltswiedergabe (Inhalt + Aufbau). Daran schließen Sie die Form- und Sprachanalyse verbunden mit der inhaltlichen Interpretation an. Sie sollen dabei Inhalt und Form so weit wie möglich sinnvoll aufeinander beziehen: *Wer sagt was zu wem in welcher Form mit welcher Wirkung?* Im Schlussteil bewerten Sie das Gedicht, indem Sie sich abschließend zu dessen Inhalt, Form, Sprache und Aktualität begründet äußern.

**1** *Schreiben Sie die Einleitung zum Gedicht „Das graue Haar" von Mascha Kaléko. Verwenden Sie dazu ein gesondertes Blatt.*

**2** *Schreiben Sie den Hauptteil der Interpretation.*

*a)* Ordnen Sie Ihre Ergebnisse der Inhalts-, Form- und Sprachanalyse.

*b)* Beachten Sie die Verknüpfung von Form und Inhalt.

*c)* Belegen Sie Ihre Aussagen mit Textverweisen.

*d)* Wenn Sie einen Gedichtvergleich schreiben wollen, ziehen Sie das zweite Gedicht hinsichtlich des Motivs „Vergänglichkeit der Schönheit" vergleichend hinzu.

**3** *Schreiben Sie den Schlussteil, indem Sie die Gedichte kritisch bewerten.*

**4** *Überprüfen und überarbeiten Sie die gesamte Arbeit anhand der folgenden Checkliste.*

## Checkliste

**Inhaltliche Gestaltung**

- ☐ Enthält meine Einleitung Angaben zu Autor/Autorin, Titel, Textsorte und Thema (und evtl. Erscheinungsjahr)?
- ☐ Habe ich den Inhalt strukturiert wiedergegeben?
- ☐ Habe ich eine Formanalyse durchgeführt?
- ☐ Habe ich das lyrische Ich sowie weitere Figuren und deren Beziehung zueinander beschrieben?
- ☐ Habe ich die sprachlichen Mittel benannt und deren Funktion gedeutet?
- ☐ Habe ich meine Deutungen mit Textverweisen belegt?
- ☐ Habe ich bei einem Gedichtvergleich Gemeinsamkeiten und Unterschiede herausgearbeitet?
- ☐ Habe ich im Schlussteil das Gedicht bzw. die Gedichte beurteilt?

**Sprachliche Gestaltung und Form**

- [ ] Ist die Interpretation im Präsens geschrieben?
- [ ] Ist mein Ausdruck klar, verständlich und angemessen?
- [ ] Habe ich meinen Aufsatz auf häufige Rechtschreibfehler überprüft?
- [ ] Habe ich Wörter nachgeschlagen, bei deren Schreibweise ich unsicher war?
- [ ] Habe ich Flüchtigkeitsfehler gefunden und korrigiert?
- [ ] Habe ich die Regeln der Zeichensetzung beachtet?
- [ ] Ist die äußere Form meiner gesamten Arbeit ansprechend?

## Mein persönlicher Lerncheck

Schätzen Sie Ihren Lernstand in Hinblick auf die Aufgabe „Gedichtinterpretation/ Gedichtvergleich" ein. Beziehen Sie auch die Übungen zur Textrevision mit ein. Schreiben Sie die Vorlage zum Lerncheck von der vorderen Umschlagseite dieses Arbeitsheftes ab und füllen Sie diese aus.

## Weiterschreiben

***Wenn Sie nach einer weiteren Trainingsmöglichkeit für diese Aufgabenart suchen, bearbeiten Sie die folgende Aufgabe.***

**Interpretieren Sie das Gedicht „Unaufhaltsam" von Hilde Domin.**

### Hilde Domin: Unaufhaltsam

Das eigene Wort,
wer holt es zurück,
das lebendige
eben noch ungesprochene
Wort?

Wo das Wort vorbeifliegt
verdorren die Gräser,
werden die Blätter gelb,
fällt Schnee.
Ein Vogel käme dir wieder.
Nicht dein Wort,
das eben noch ungesagte,
in deinen Mund.
Du schickst andere Worte
hinterdrein,
Worte mit bunten, weichen Federn.
Das Wort ist schneller,
das schwarze Wort.
Es kommt immer an,
es hört nicht auf,
anzukommen.

Besser ein Messer als ein Wort.
Ein Messer kann stumpf sein.
Ein Messer trifft oft
am Herzen vorbei.
Nicht das Wort.

Am Ende ist das Wort,
immer
am Ende
das Wort.

# KAPITEL 7

# Interpretation von dramatischen Texten

## Die Aufgabe

**Interpretieren Sie das Drama „Die Physiker" von Friedrich Dürrenmatt.**
- **Ordnen Sie die Exposition in den Gesamtzusammenhang des Dramas ein.**
- **Interpretieren Sie die Szene des zweiten Aktes.**
- **Nehmen Sie Stellung zur Frage der Verantwortlichkeit des Wissenschaftlers, wie sie in Dürrenmatts Drama und im Text von Helmut Schmidt zum Ausdruck gebracht wird.**

## Die Aufgabe verstehen

Diese Überlegungen helfen Ihnen, die Aufgabe zu bearbeiten:
- den ersten Leseeindruck auf sich wirken lassen
- den Inhalt und den Aufbau der Exposition verstehen
- die Bedeutung dieser Exposition erklären
- den wesentlichen Inhalt einer Dramenszene themenorientiert interpretieren:
  - den Dialog analysieren
  - die Arbeitsergebnisse mit Textbeispielen belegen
- ähnliche und unterschiedliche Positionen im Drama und im Text von Helmut Schmidt herausarbeiten

## Die Exposition analysieren

**1** *Lesen Sie den folgenden Textauszug der Eingangsszene.*

### Friedrich Dürrenmatt: Die Physiker (Auszug)

Erster Akt, erste Szene

*Ort: Salon einer bequemen, wenn auch etwas verlotterten Villa des privaten Sanatoriums „Les Cerisiers". [...]*
*Doch spielt das Örtliche eigentlich keine Rolle, wird hier nur der Genauigkeit zuliebe erwähnt, verlassen wir doch nie die Villa des Irrenhauses (nun ist das Wort doch gefallen), noch präziser: auch den Salon werden wir nie verlassen, haben wir uns doch vorgenommen, die Einheit von Raum, Zeit und Handlung streng einzuhalten; einer Handlung, die unter Verrückten spielt, kommt nur die klassische Form bei. [...]*
*Im Salon der nun schwach bevölkerten Villa halten sich meistens drei Patienten auf, zufälligerweise Physiker, oder doch nicht ganz zufälligerweise, man wendet humane Prinzipien an und läßt beisammen, was zusammengehört. Sie leben für sich, jeder eingespon-*

*nen in seine eingebildete Welt, nehmen die Mahlzeiten im Salon gemeinsam ein, diskutieren bisweilen über ihre Wissenschaft oder glotzen still vor sich hin, harmlose, liebenswerte Irre, lenkbar, leicht zu behandeln und anspruchslos. Mit einem Wort, sie gäben wahre Musterpatienten ab, wenn nicht in der letzten Zeit Bedenkliches, ja geradezu Gräßliches vorgekommen wäre: Einer von ihnen erdrosselte vor drei Monaten eine Krankenschwester, und nun hat sich der gleiche Vorfall aufs neue ereignet. So ist denn wieder die Polizei im Hause. [...] Um die Leiche bemühen sich Kriminalbeamte, zivil kostümiert, seelenruhige, gemütliche Burschen, die schon ihre Portion Weißwein konsumiert haben und danach riechen. Sie messen, nehmen Fingerabdrücke, ziehen die Konturen der Leiche mit Kreide nach usw. In der Mitte des Salons steht Kriminalinspektor Richard Voß, in Hut und Mantel, links Oberschwester Marta Boll, die so resolut aussieht, wie sie heißt und ist.* [...]

**INSPEKTOR** Man darf doch rauchen?

**OBERSCHWESTER** Es ist nicht üblich.

**INSPEKTOR** Pardon. *Er steckt die Zigarre zurück*

**OBERSCHWESTER** Eine Tasse Tee?

**INSPEKTOR** Lieber Schnaps.

**OBERSCHWESTER** Sie befinden sich in einer Heilanstalt.

**INSPEKTOR** Dann nichts. Blocher, du kannst photographieren.

**BLOCHER** Jawohl, Herr Inspektor.

*Man photographiert. Blitzlichter*

**INSPEKTOR** Wie hieß die Schwester?

**OBERSCHWESTER** Irene Straub.

**INSPEKTOR** Alter?

**OBERSCHWESTER** Zweiundzwanzig. Aus Kohlwang.

**INSPEKTOR** Angehörige?

**OBERSCHWESTER** Ein Bruder in der Ostschweiz.

**INSPEKTOR** Benachrichtigt?

**OBERSCHWESTER** Telephonisch.

**INSPEKTOR** Der Mörder?

**OBERSCHWESTER** Bitte, Herr Inspektor – der arme Mensch ist doch krank.

**INSPEKTOR** Also gut: Der Täter?

**OBERSCHWESTER** Ernst Heinrich Ernesti. Wir nennen ihn Einstein.

**INSPEKTOR** Warum?

**OBERSCHWESTER** Weil er sich für Einstein hält.

[...]

**INSPEKTOR** Kann ich nun den Mörder –

**OBERSCHWESTER** Bitte, Herr Inspektor.

**INSPEKTOR** – den Täter sehen?

**OBERSCHWESTER** Er geigt.

**INSPEKTOR** Was heißt: Er geigt?

**OBERSCHWESTER** Sie hören es ja.

**INSPEKTOR** Dann soll er bitte aufhören. *Da die Oberschwester nicht reagiert* Ich habe ihn zu vernehmen.

**OBERSCHWESTER** Geht nicht.

**INSPEKTOR** Warum geht es nicht?

**OBERSCHWESTER** Das können wir ärztlich nicht zulassen. Herr Ernesti muß jetzt geigen.

**INSPEKTOR** Der Kerl hat schließlich eine Krankenschwester erdrosselt.

**OBERSCHWESTER** Herr Inspektor. Es handelt sich nicht um einen Kerl, sondern um einen kranken Menschen, der sich beruhigen muß. Und weil er sich für Einstein hält, beruhigt er sich nur, wenn er geigt.

**INSPEKTOR** Bin ich eigentlich verrückt?

**OBERSCHWESTER** Nein.

**INSPEKTOR** Man kommt ganz durcheinander.

[...]

**INSPEKTOR** Und vor drei Monaten mußte Fräulein Doktor mit Newton Schach spielen, damit der sich beruhigen konnte. Darauf gehe ich nicht mehr ein, Oberschwester Marta. Ich muß die Chefärztin sprechen.

**OBERSCHWESTER** Bitte. Dann warten Sie eben.

**INSPEKTOR** Wie lange dauert das Gegeige noch?

**OBERSCHWESTER** Eine Viertelstunde, eine Stunde. Je nachdem.

**INSPEKTOR** *beherrscht sich* Schön. Ich warte. *Er brüllt* Ich warte!

**BLOCHER** Wir wären fertig, Herr Inspektor.

**INSPEKTOR** *dumpf* Und mich macht man fertig.

[...] R

**2** ***Notieren Sie Ihre ersten Leseeindrücke zu folgenden Aspekten in Stichpunkten:***

*a)* dramentechnische Elemente und ihre Wirkung:

- Bühne/Schauplatz:

______________________________________________

- Regieanweisungen:

______________________________________________

______________________________________________

- Auftritt der Figuren und ihr kommunikatives Verhalten:

______________________________________________

______________________________________________

- die Rolle des Zuschauers:

______________________________________________

*b)* Gesprächsthemen der Figuren:

______________________________________________

______________________________________________

*c)* Atmosphäre/Stimmung:

______________________________________________

______________________________________________

**Basiswissen** **Exposition**

Die Exposition eines Dramas hat folgende Aufgaben:
- Einführung in Zeit, Ort und Atmosphäre der Handlung
- Vorstellung der Hauptfiguren
- Anbahnung des dramatischen Konflikts

**3** *Erläutern Sie, welche Funktion dieser Szenenauszug für den Verlauf des Dramas hat.*

*a)* Was erfährt der Zuschauer über Ort und Atmosphäre der Handlung?

___

___

*b)* Was erfährt er über die Hauptfiguren?

___

___

*c)* Welcher Konflikt bahnt sich an?

___

___

**Arbeitstechnik** **Einordnung einer Textstelle in den Gesamtzusammenhang**

Folgende Aspekte sollten Sie berücksichtigen, wenn Sie eine Textstelle in den Gesamtzusammenhang einordnen. Zunächst formulieren Sie eine inhaltliche Zusammenfassung der Textstelle. Handelt es sich um eine Textstelle, der andere Szenen vorausgehen, verdeutlichen Sie kurz, weshalb es zu der im Auszug beschriebenen Handlung kommt. In einem Ausblick stellen Sie dann anschließend dar, wie sich die Handlung weiterentwickelt. Verwenden Sie das Präsens und vermeiden Sie direkte Zitate. Wichtige Äußerungen der Figuren werden in der indirekten Rede wiedergegeben.

**4** *Fassen Sie Ihre Arbeitsergebnisse aus den Aufgaben 1–3 zusammen, um die Einleitung für die Drameninterpretation zu schreiben.*

___

___

___

___

___

# Die zentrale Frage des Dramas erarbeiten: Die Verantwortlichkeit des Wissenschaftlers

Im Drama „Die Physiker“ stehen drei in einem Irrenhaus lebende Physiker im Mittelpunkt. Möbius, einer dieser Wissenschaftler, hat die Formel entdeckt, die zur Vernichtung der Welt führen könnte. Er täuscht vor, irre zu sein, um sich selbst unglaubwürdig zu machen und damit einem möglichen Missbrauch seiner Formel entgegenzuwirken. Newton und Einstein hingegen sind Spione, die Möbius' Entdeckung für ihre Zwecke missbrauchen wollen. Im Verlauf des zweites Aktes kommt es zum gedanklichen „Schlagabtausch“ zwischen den drei Physikern, die alle die Maske des Irren angelegt haben, um ihre unterschiedlichen Ziele zu erreichen.

**1** ***Lesen Sie den folgenden Textauszug. Markieren Sie beim Lesen wichtige Aussagen zur Frage nach der Verantwortlichkeit eines Wissenschaftlers.***

[...]

**EINSTEIN** Mir ist bloß mein Generalstab heilig. Wir liefern der Menschheit gewaltige Machtmittel. Das gibt uns das Recht, Bedingungen zu stellen. Wir müssen entscheiden, zu wessen Gunsten wir unsere Wissenschaft anwenden, und ich habe mich entschieden.

**NEWTON** Unsinn, Eisler[1]. Es geht um die Freiheit unserer Wissenschaft und um nichts weiter. Wir haben Pionierarbeit zu leisten und nichts außerdem. Ob die Menschheit den Weg zu gehen versteht, den wir ihr bahnen, ist ihre Sache, nicht die unsrige.

**EINSTEIN** Sie sind ein jämmerlicher Ästhet, Kilton[2]. Warum kommen Sie nicht zu uns, wenn Ihnen nur an der Freiheit der Wissenschaft gelegen ist? Auch wir können es uns schon längst nicht mehr leisten, die Physiker zu bevormunden. Auch wir brauchen Resultate. Auch unser politisches System muß der Wissenschaft aus der Hand fressen.

[...]

**MÖBIUS** *steht auf* Wir sind drei Physiker. Die Entscheidung, die wir zu fällen haben, ist eine Entscheidung unter Physikern. Wir müssen wissenschaftlich vorgehen. Wir dürfen uns nicht von Meinungen bestimmen lassen, sondern von logischen Schlüssen. Wir müssen versuchen, das Vernünftige zu finden. Wir dürfen uns keinen Denkfehler leisten, weil ein Fehlschluß zur Katastrophe führen müßte. Der Ausgangspunkt ist klar. Wir haben alle drei das gleiche Ziel im Auge, doch unsere Taktik ist verschieden. Das Ziel ist der Fortgang der Physik. Sie wollen ihr die Freiheit bewahren, Kilton, und streiten ihr die Verantwortung ab. Sie dagegen, Eisler, verpflichten die Physik im Namen der Verantwortung der Machtpolitik eines bestimmten Landes.

[...]

**MÖBIUS** Es gibt Risiken, die man nie eingehen darf: der Untergang der Menschheit ist ein solches. Was die Welt mit den Waffen anrichtet, die sie schon besitzt, wissen wir, was sie mit jenen anrichten würde, die ich ermögliche, können wir uns denken. Dieser Einsicht habe ich mein Handeln untergeordnet. Ich war arm. Ich besaß eine Frau und drei Kinder. An der Universität winkte Ruhm, in der Industrie Geld. Beide Wege waren zu gefährlich. Ich hätte meine Arbeiten veröffentlichen müssen, der Umsturz unserer Wissenschaft und das Zusammenbrechen des wirtschaftlichen Gefüges wären die Folgen gewesen. Die Verant-

**1** Eisler: der richtige Name „Einsteins“

**2** Kilton: der richtige Name „Newtons“

wortung zwang mir einen anderen Weg auf. Ich ließ meine akademische Karriere fahren, die Industrie fallen und überließ meine Familie ihrem Schicksal. Ich wählte die Narrenkappe. Ich gab vor, der König Salomo erscheine mir, und schon sperrte man mich in ein Irrenhaus.

**NEWTON** Das war doch keine Lösung!

**MÖBIUS** Die Vernunft forderte diesen Schritt. Wir sind in unserer Wissenschaft an die Grenzen des Erkennbaren gestoßen. Wir wissen einige genau erfaßbare Gesetze, einige Grundbeziehungen zwischen unbegreiflichen Erscheinungen, das ist alles, der gewaltige Rest bleibt Geheimnis, dem Verstande unzugänglich. Wir haben das Ende unseres Weges erreicht. Aber die Menschheit ist noch nicht soweit. Wir haben uns vorgekämpft, nun folgt uns niemand nach, wir sind ins Leere gestoßen. Unsere Wissenschaft ist schrecklich geworden, unsere Forschung gefährlich, unsere Erkenntnis tödlich. Es gibt für uns Physiker nur noch die Kapitulation vor der Wirklichkeit. Sie ist uns nicht gewachsen. Sie geht an uns zugrunde. Wir müssen unser Wissen zurücknehmen, und ich habe es zurückgenommen. Es gibt keine andere Lösung, auch für euch nicht. R

**2** *Fertigen Sie Rollenkarten für jeden der drei Physiker an. Machen Sie dabei Angaben zur Person, zur Situation und zu den Zielsetzungen.*

**Rollenkarte Einstein**

Deine Person/Deine Einstellung:

Deine Situation:

Deine Zielsetzungen:

**Rollenkarte Newton**

Deine Person/Deine Einstellung:

Deine Situation:

Deine Zielsetzungen:

**Rollenkarte Möbius**

Deine Person/Deine Einstellung:

Deine Situation:

Deine Zielsetzungen:

**3** *Interpretieren Sie die Szene, indem Sie die Einstellungen und Ziele der drei Protagonisten bezüglich ihrer Verantwortlichkeit als Wissenschaftler vergleichen.*

## Zusatzmaterial: Die Frage der Verantwortung des Wissenschaftlers

Der frühere Bundeskanzler der Bundesrepublik Deutschland - Helmut Schmidt - bezieht im folgenden Text Position zum Problem der gesellschaftlichen Moral und Verantwortung des Wissenschaftlers.

### Helmut Schmidt: Gesellschaftliche Moral des Wissenschaftlers

Auf einem Küchentisch in Berlin ist Otto Hahn und Lise Meitner die erste künstlich herbeigeführte Spaltung eines Atoms gelungen. Wenige Jahre später explodierten die Atombomben über Hiroshima und Nagasaki. Seither hat sich das Kernwaffenarsenal der Atommächte ins Ungeheuerliche, ins Unvorstellbare gesteigert. Ohne die vorangegangene wissenschaftliche Leistung zweier Forscher hätte die Frage nach der Bewahrung des Friedens in der Gegenwart kaum gleichzeitig zur Frage nach der Überlebenschance der menschlichen Spezies werden können.

Die vielfach aufgeworfene Frage ist also, ob Otto Hahn und Lise Meitner dafür Verantwortung tragen. Gesetzt den Fall, die Frage nach der Verantwortung wäre – jedenfalls zu einem Teil – mit „Ja" zu beantworten: Wie sollte es eigentlich ein einzelner Forscher moralisch ertragen können, im Schatten derartiger Gefährdung und eines möglichen moralischen Vorwurfs noch Grundlagenforschung oder angewandte Forschung zu betreiben?

[...]

Wie in vielen Fällen der Verkettung von Ursachen ist es natürlich leicht, sich mit dem Hinweis auf die Verantwortung anderer zu exkulpieren[1], das heißt die causa efficiens[2] bei anderen festzumachen. Das bietet sich an. Die Anwender in der industriellen Umsetzung seien die Verantwortlichen, so wird man es hören. Oder wenn es sich um Waffen oder um die Kultur insgesamt handelt, wird man hören, die Politiker seien schuld.

Sicher, ohne einen Politiker wie Roosevelt[3] und seine politischen Berater – übrigens auch ohne Einsteins Ratschlag – wäre es vielleicht nicht zur Anwendung der Atombombe gekommen. Aber ohne Otto Hahn und Lise Meitner und ohne andere Wissenschaftler hätte auch der Politiker nicht die Möglichkeit gehabt, eine derartige Waffe in seine Pläne und in sein tatsächliches Handeln hineinzunehmen.

Keiner von beiden, weder der Politiker noch der Wissenschaftler, kann die Verantwortung auf den anderen abschieben. In der Verantwortung hängen sie vielmehr unauflöslich aneinander. Beiden scheint es auf manchem Gebiet so zu gehen wie dem Zauberlehrling[4], dem die Kontrolle über den wundertätigen Besen entglitten ist. Nun wird der Besen zum Unheil und niemand hatte es gewollt.

Da bleibt das Schlupfloch, dass derjenige nicht wirklich verantwortlich und nicht wirklich moralisch haftbar gemacht werden könne, der nicht in der Lage war, den Überblick über die möglichen Folgen seines Tuns zu haben. Mir scheint dieses Schlupfloch weniger eine Entlastung, sondern vielmehr die Herausforderung zu sein, sich den Überblick über mögliche Folgen des eigenen Handeins zu verschaffen. [...]

*(DIE ZEIT, 18.06.1982)*

**Helmut Schmidt**

1 exkulpieren: entschuldigen
2 causa efficiens: Entstehungsgrund
3 Franklin D. Roosevelt: 1933–1945 Präsident der USA
4 Anspielung auf Goethes Ballade „Der Zauberlehrling"

**1** *Welche gemeinsame Verantwortung tragen nach Meinung von Helmut Schmidt Wissenschaftler und Politiker?*

**2** *Worin sieht Helmut Schmidt die Herausforderung für die Wissenschaft?*

## Sprache und Stil

„Wie in vielen Fällen der Verkettung von Ursachen ist es natürlich leicht, sich mit dem Hinweis auf die Verantwortung anderer zu exkulpieren, das heißt die causa efficiens bei anderen festzumachen."

**3** *Beurteilen Sie Sprache und Stil dieses Zitats.*

**4** *Welche Rückschlüsse lässt die Sprachwahl über den Verfasser, die Zielgruppe und das Publikationsmedium zu?*

**5** *Geben Sie den Inhalt dieser Aussage mit eigenen Worten wieder.*

**6** *Nehmen Sie vor dem Hintergrund des Dramas und des Textes Stellung zu der Frage, ob ein Wissenschaftler verantwortungsbewusst handelt, wenn er die Mitarbeit an Forschungsprojekten verweigert, die die Menschheit gefährden.*

**Tipp**
Folgende Begriffe können Ihnen dabei behilflich sein: *Wissenschaft, Entscheidung, Verantwortung, Aufgaben des Wissenschaftlers, Aufklärung, kollektive und individuelle Schuld, Moral, Herausforderung*

**7** *Formulieren Sie einen Schluss, indem Sie Ihre bisherigen Arbeitsergebnisse werten und/oder sich auf die Einleitung beziehen.*

## Checkliste

**Aufbau**

- [ ] Ist mein Aufsatz in Einleitung, Hauptteil und Schluss gegliedert?
- [ ] Wird mein Gedankengang auch durch Absätze veranschaulicht?
- [ ] Habe ich sinnvolle Übergänge zwischen Einleitung, Hauptteil und Schluss sowie den beiden Aufgabenteilen gefunden?

**Inhalt**

- [ ] Enthält meine Einleitung Angaben zu Autor/Autorin, Titel, Textsorte und Thema?
- [ ] Führt meine Einleitung zur Aufgabenstellung hin und ist sie angemessen?
- [ ] Sind meine Interpretationsergebnisse zum Hauptteil nachvollziehbar und durch Zitate ausreichend belegt?
- [ ] Habe ich die Aussage des Textes erkannt und formuliert?
- [ ] Rundet mein Schluss den Aufsatz ab?
- [ ] Enthält mein Schluss eine Wertung oder Verbindung zur Einleitung?

**Sprachliche Gestaltung und Form**

- [ ] Ist die Interpretation im Präsens geschrieben?
- [ ] Ist mein Ausdruck klar, verständlich und angemessen?
- [ ] Habe ich meinen Aufsatz auf häufige Rechtschreibfehler überprüft?
- [ ] Habe ich Wörter nachgeschlagen, bei deren Schreibweise ich unsicher war?
- [ ] Habe ich Flüchtigkeitsfehler gefunden und korrigiert?
- [ ] Habe ich die Regeln der Zeichensetzung beachtet?

## Textrevision: Einen Aufsatz überarbeiten

**Überarbeiten Sie die zum Teil fehlerhaften Ausführungen über die Rolle des Zuschauers in den Dramen Dürrenmatts. Markieren Sie beim Lesen die nicht korrekten Aussagen.**
**Formulieren Sie im Anschluss einen neuen korrekten Text. Achten Sie dabei auch auf eine den Regeln entsprechende Zitierweise und verwenden Sie ein gesondertes Blatt.**

### Die Rolle des Zuschauers in Dürrenmatts Komödie „Die Physiker"

Dürrenmatt zeigt den Menschen auf der Bühne in seiner Unzulänglichkeit und löst Konflikte in heiterer Gelassenheit. Die Komik wird hier zu einem beträchtlichen Teil an den überzeichneten Figuren deutlich. Sie tragen zum Unterhaltungswert bei und bieten dem Zuschauer ein abwechslungsreiches Lustspiel. Dürrenmatt ist nämlich der Auffassung, dass ein Theaterbesuch den Zuschauer vor allem unterhalten sollte. Dieser suche das Theater auf, um dem ernsten und bedrohlichen Alltag entfliehen und befreiend lachen zu können. Wollte er sich kritisch mit aktuellen Geschehnissen in der Gesellschaft auseinandersetzen, so könnte er den Fernseher anschalten. Die Erfindung der Atombombe ist nicht rückgängig zu machen, warum sich also Tag für Tag aufs Neue Gedanken machen und Albträumen verfallen?

# Mein persönlicher Lerncheck

Schätzen Sie Ihren Lernstand in Hinblick auf die „Drameninterpretation“ ein. Beziehen Sie auch die Textrevision mit ein. Schreiben Sie die Vorlage zum Lerncheck von der vorderen Umschlagseite dieses Heftes ab und füllen Sie diese aus.

# Weiterschreiben

Wenn Sie nach einer weiteren Übungsmöglichkeit für die Aufgabenart suchen, befassen Sie sich mit folgender Aufgabe.

In dem Stück „In der Sache J. Robert Oppenheimer“ von Heinar Kipphardt entwickelt sich zwischen Oppenheimer und dem Anwalt der Atomenergiekommission, Roger Robb, eine Diskussion. Stellen Sie dar, wie Oppenheimer die Verantwortung des Wissenschaftlers betrachtet.

## Heinar Kipphardt: In der Sache J. Robert Oppenheimer (Auszug)

[...]

**OPPENHEIMER** Der Abwurf der Atombombe auf Hiroshima, das war eine politische Entscheidung, nicht meine.

**ROBB** Aber Sie unterstützten den Abwurf der Atombombe auf Japan oder nicht?

**OPPENHEIMER** Was meinen Sie mit „unterstützten“?

**ROBB** Sie halfen die Ziele aussuchen, nicht wahr?

**OPPENHEIMER** Ich tat meine Arbeit. Wir bekamen eine Liste mit den möglichen Zielen.

[...]

**ROBB** Sie wussten natürlich, dass der Abwurf der Atombombe auf das von Ihnen ausgesuchte Ziel Tausende von Zivilisten töten würde? Wie viele wurden getötet?

**OPPENHEIMER** 70.000.

**ROBB** Hatten Sie deshalb moralische Skrupel?

**OPPENHEIMER** Schreckliche.

**ROBB** Sie hatten schreckliche moralische Skrupel?

**OPPENHEIMER** Ich kenne niemanden, der nach dem Abwurf der Bombe nicht schreckliche moralische Skrupel gehabt hätte.

**ROBB** Ist das nicht ein bisschen schizophren?

**OPPENHEIMER** Was? Moralische Skrupel zu haben?

**ROBB** Das Ding zu machen, die Ziele auszusuchen, die Zündhöhe zu bestimmen und dann über die Folgen in moralische Skrupel zu verfallen. Ist das nicht ein bisschen schizophren, Doktor?

**OPPENHEIMER** Ja. – Es ist die Art von Schizophrenie, in der wir Physiker seit Jahren leben.

**ROBB** Können Sie das erläutern?

**OPPENHEIMER** Man machte von den großen Entdeckungen der neueren Naturwissenschaften einen fürchterlichen Gebrauch. Die Kernenergie ist nicht die Atombombe.

**ROBB** Sie meinen, man kann sie industriell auswerten und so?

**OPPENHEIMER** Sie kann Überfluss herstellen, erstmals. Ein Problem billiger Energie.

**Julius Robert Oppenheimer** (1904 - 1967), US-amerikanischer Physiker. Oppenheimer gilt als der „Vater der Atombombe“, deren Einsatz er jedoch nach den Abwürfen auf Hiroshima und Nagasaki verurteilte. Nach dem Krieg arbeitete er als Berater der amerikanischen Atomenergiebehörde und wurde ein Gegner des nuklearen Aufrüstens zwischen der Sowjetunion und den USA. Während der McCarthy-Ära wurde er als möglicher Spion der Sowjetunion denunziert. Daher wurde der Physiker 1954 zu einer Sicherheitsanhörung geladen.

# KAPITEL 8

# Präsentation

## Die Aufgabe

**Ihre Schule plant in zwei Monaten einen Tag der offenen Tür. Sie sollen Ihren Bildungsgang präsentieren. (Dauer 20 Minuten + Fragerunde)**

## Die Aufgabe verstehen

Diese Überlegungen helfen Ihnen, die Aufgabe zu bearbeiten:
- das Ziel der Präsentation und die Zielgruppe bestimmen
- die Inhalte auswählen
- die Inhalte auf die zur Verfügung stehende Zeit abstimmen und strukturieren
- die räumlichen Gegebenheiten untersuchen
- die passenden Medien auswählen
- die Präsentation halten

## Die Präsentation vorbereiten

**1** *Skizzieren Sie Ihren Bildungsgang. Verwenden Sie dazu ein gesondertes Blatt Papier.*

### Arbeitstechnik – Eine Präsentation vorbereiten

Bei der Vorbereitung helfen folgende Fragen:
- Warum soll präsentiert werden? (z. B. Informationen vermitteln, zum Kauf anregen)
- Wer ist die Zielgruppe? (Vorkenntnisse, Erwartungen der Teilnehmer)
- Welche Informationen wähle ich aus? Was soll die Zielgruppe wissen und behalten?
- Welche Medien sind geeignet, den Vortrag zu unterstützen?
- Wie viel Zeit steht mir zur Verfügung?

**2** *Erstellen Sie eine persönliche Checkliste als Vorbereitung Ihrer Präsentation. Verwenden Sie bei der Auswahl auch Ihre Notizen aus Aufgabe 1.*

Aufgabenstellung/Ziel:

Zielgruppenanalyse:

Zeitvorgabe:

Auswahl der Inhalte:

Eigene Fachkompetenz:

---

Räumliche Gegebenheiten:

---

Medieneinsatz:

---

## Den Einstieg vorbereiten

**Mithilfe des folgenden Beispiels können Sie den Einstieg in die Präsentation üben:**

Der Gemeinderat eines kleinen Touristenortes soll über eine neue Heizungsanlage entscheiden. Der Verkaufsleiter einer Firma, die Holzhackschnitzelheizungen herstellt, wird von dem Gemeinderat um einen Vortrag gebeten (Dauer 30 Minuten + Diskussion). Durch seine Zielgruppenanalyse weiß er, dass einige Gemeinderatsmitglieder Vorbehalte gegenüber dieser Technologie haben und für eine Ölheizung sind. Der Verkäufer beginnt seinen Vortrag folgendermaßen:

Folie 1 (Overheadprojektor)

*„Sehr geehrte Damen und Herren, bei einem Spaziergang durch Ihren Stadtwald habe ich dieses Photo gemacht. Was hat dieser Baumstamm nun mit meinem Vortrag zu tun? Sehr viel!*

*1. Dieser Baumstamm bedeutet ungenutzte Energie direkt vor Ihrer Haustür. Beim Aufräumen zerhacken Ihre Mitarbeiter das Holz sowieso. Aus einem Abfallprodukt wird ein wertvoller Rohstoff, zum Nulltarif!*

Folie 2 (Overheadprojektor)

*2. Dieses Holz gibt bei seiner Zersetzung das* $CO_2$ *genauso an unsere Atmosphäre ab, als wenn wir es thermisch nutzten. Eine Hackschnitzelheizung ist somit ökologisch und energieneutral. Es gibt jedoch noch weitere Vorteile für eine Hackschnitzelheizung, die ich Ihnen nun erläutern möchte: …“*

**1** *Bewerten Sie den Einstieg und den Medieneinsatz des Verkaufsleiters. Begründen Sie mithilfe der Arbeitstechnik, was Ihnen positiv und was Ihnen negativ aufgefallen ist.*

**Arbeitstechnik** | **Einstieg in eine Präsentation**

Diese Phase dient der Aktivierung und Motivierung des Publikums. Seien Sie deshalb als Vortragender präsent. Stellen Sie sich und das Thema vor. Fangen Sie erst an, wenn die Zuschauer ruhig sind und sich auf Sie konzentrieren. Nur bei ungeteilter Aufmerksamkeit können Sie Interesse wecken, z. B. durch eine einleitende Frage oder durch witzige, widersprüchliche Aussagen oder Beispiele.

Für Vorträge bietet es sich an, den Zuhörern einen Überblick (Wegweiser) darüber zu geben, was sie in dem folgenden Vortrag erwartet. Meist ist dies eine Auflistung der wichtigsten Punkte des Vortrages. Oft wird der Ablauf auf einer Flipchart aufgelistet, was zudem den Vorteil hat, dass man wieder darauf verweisen kann. Bei einer PowerPoint-Präsentation kann dies eine Folie „Gliederung“ sein. Bei Vorträgen bis zu 15 Minuten braucht man zum Einstieg keine Übersicht.

**2** *Entwerfen Sie einen medienunterstützten Einstieg für Ihren Vortrag (Bildungsgang). Berücksichtigen Sie dabei das Basiswissen (S. 83) und die Tabelle „Mediennutzung“ (S. 84).*

## Den Hauptteil vorbereiten

**Arbeitstechnik** | **Hauptteil einer Präsentation**

Hier erfolgt die eigentliche, systematische Vermittlung der Inhalte. Berücksichtigen Sie dabei das in Ihrer Checkliste (S. 78) formulierte Ziel. Sie sollen nicht zeigen, was Sie alles wissen, sondern Ihre Zielsetzung verfolgen. Bei umfangreichen Themenbereichen bieten sich Teilzusammenfassungen an.

**1** *Schreiben Sie mithilfe der Arbeitstechnik den Hauptteil Ihrer Präsentation stichwortartig auf. Prüfen Sie Ihre Inhalte hinsichtlich der Ziele und der Zielgruppe. Beachten Sie dabei die Zeitvorgabe.*

## Den Schluss vorbereiten

**Arbeitstechnik** | **Schluss einer Präsentation**

Einstieg und Schluss behalten die Zuhörer am besten in Erinnerung. Planen Sie daher sorgfältig Ihre Schlussworte. Fassen Sie die Ihnen wichtigen Punkte nochmals zusammen. Wenn es sich anbietet, können Sie auch mit einer Pointe, einem Ausblick oder einem Zitat enden.

**1** *Verfassen Sie den Schlussteil Ihrer Präsentation.*

## Die unterstützenden Medien auswählen

Der Verkaufsleiter der Firma, die Holzhackschnitzelheizungen herstellt, hat folgenden Überblick am Anfang des Vortrags und folgende Zusammenfassung an dessen Ende präsentiert.

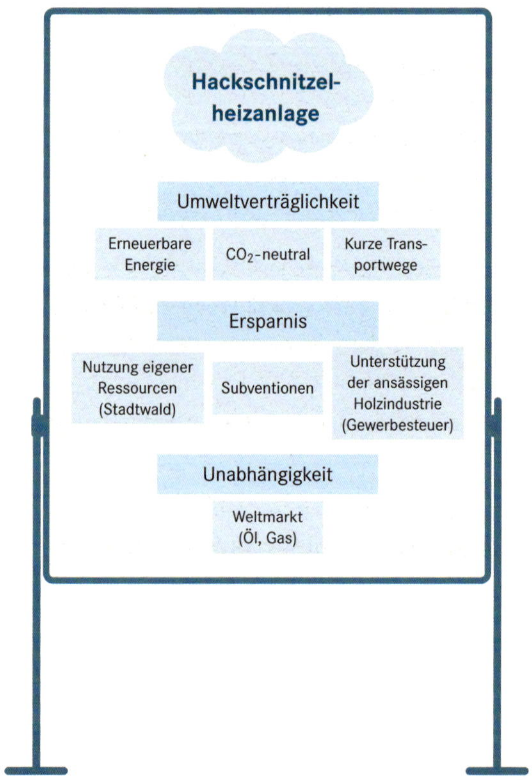

**1** *Bewerten Sie den Überblick (Einstieg) und die Zusammenfassung hinsichtlich Gestaltung und Effizienz. Berücksichtigen Sie bei Ihrer Entscheidung vor allem das Basiswissen „Nutzung von Medien“.*

Basiswissen **Nutzung von Medien**

Eingesetzte Medien sollen Ihre Redebeiträge nicht ersetzen oder wiederholen, sondern unterstützen, indem sie
- Zusammenhänge verdeutlichen,
- Aufmerksamkeit erregen,
- strukturieren,
- bildhaft erklären,
- den Erklärungsaufwand verkürzen
- und Assoziationen hervorrufen.

Dabei ist ihr Einsatz kein Selbstzweck. Durch die Kombination von Wort und Bild sprache werden beide Gehirnhälften (Intuition/Gefühl und Ratio/Logik) des Menschen angesprochen, sodass man sich besser an Sachverhalte erinnern kann. Während eines Vortrags nimmt die Aufmerksamkeit der Zuhörer ab. Durch die Visualisierung werden Impulse gesetzt und die Aufmerksamkeit wird erneut geweckt.

Dabei unterscheidet man die formale Gestaltung und die dafür eingesetzten Medien. Informationen können durch Texte, Abbildungen, Tabellen, Diagramme, Animationen, Videoclips unterstützt werden, die mittels Overheadprojektor (OHP), Computer und Beamer, Flipchart, Metaplanwand bzw. Pinnwand oder Tafel visualisiert werden. Aufgrund räumlicher und technischer Gegebenheiten sind nicht immer alle Medien einsetzbar.

Für eine längere Präsentation bietet sich der Einsatz mehrerer Medien an, z. B. Flipchart für die Visualisierung des Ablaufs (roter Faden), Metaplanwand für Publikumsbeiträge oder -fragen, OHP oder Beamer für den eigentlichen Vortrag.
Als Faustregel für die Zeitplanung beim Einsatz von Folien (Overheadprojektor oder PowerPoint) gilt, dass etwa 3–4 Minuten Redezeit pro Folie einzuplanen sind. Bei einem 15-minütigen Vortrag sollten daher nicht mehr als 3 Folien (3 x 4 Minuten und zusätzlich drei Minuten für die Einleitung und den Schluss) eingesetzt werden.

In der folgenden Tabelle sind die Vor- und Nachteile verschiedener Medien aufgeführt.

Basiswissen **Vor- und Nachteile verschiedener Medien**

| Medien | Vorteile | Nachteile | Teilnehmer | Tipps |
|---|---|---|---|---|
| **Tafel** | Tafelbilder können während des Vortrags entwickelt werden; sind durch Abwischen leicht veränderbar; flexibel | Inhalte müssen während des Vortrags geschrieben werden; eine leserliche Handschrift ist Voraussetzung. | ca. 30 TN | nicht während des Schreibens gegen die Tafel sprechen |
| **Plakat** | gut vorzubereiten und zu transportieren | Die Herstellung ist zeitaufwändig. | ca. 10 TN | Dunkle Hintergründe benötigen eine größere Schrift. |
| **OHP/ Folien** | leicht transportierbar; können zu Hause vorbereitet werden; billig; können leicht ergänzt werden; Es muss nichts angeschrieben werden. Bei Zeitmangel können Sie einzelne Folien weglassen. | Raum muss abdunkelbar und Projektionsfläche muss vorhanden sein; TN konzentrieren sich auf die Folie und nicht auf Sie | je nach Leinwandgröße bis zu 150 TN | bei mehreren Folien durchnummerieren (erleichtert die Übersicht); Rand lassen und nur im Hochformat beschriften; nur ein Thema pro Folie |
| **Flipchart** | Blätter sind gut zu transportieren; man kann ein Thema entwickeln; die Blätter später auch an Pinnwand hängen | sperrig; nicht überall vorhanden; saubere Handschrift ist erforderlich; nur für Stichpunkte bzw. kurze Sätze geeignet | bis ca. 30 TN, wg. Lesbarkeit | nur bei leserlicher Handschrift verwenden; Druckbuchstaben mit Groß- und Kleinbuchstaben verwenden; Farben sparsam verwenden |
| **Laptop mit Beamer/ Multimedia** | wirkt professionell; Reihenfolge ist variabel; viele Gestaltungsmöglichkeiten (Film, Ton, Animation); gut vorzubereiten | Raum muss abdunkelbar und Projektionsfläche muss vorhanden sein; technisch aufwändig; PowerPoint wird oft eingesetzt, daher Gewöhnungseffekt bei TN | je nach Leinwandgröße bis zu 150 TN | max. 1024x768 Auflösung für die Abbildungen wählen (wg. Bildqualität Beamer); da techn. Pannen möglich sind, nicht nur auf dieses Medium verlassen |
| **Metaplan/ Pinnwand** | flexibel; sehr übersichtlich; Möglichkeit, Karten neu zu ordnen; gut bei aktiver Publikumsbeteiligung zum Clustern | braucht Zeit; kann leicht unordentlich wirken; vorgefertigte Karten (Wolken etc.) sind teuer | ca. 35 TN | dünne Fäden für Fluchtlinien ziehen; die das akkurate Anbringen erleichtern |

TN = Teilnehmer

**2** *Erstellen Sie für Ihre Präsentation einen Überblick und eine Zusammenfassung mit einem Medium Ihrer Wahl. Notieren Sie zunächst:*

Ideen für den Überblick

Ideen für die Zusammenfassung

mögliche Reaktionen (positive und negative) Ihrer Zuschauer

**3** *Fassen Sie Ihre bisherigen Arbeitsergebnisse für die Präsentation Ihres Bildungsgangs in einem Ablaufplan übersichtlich zusammen. Verwenden Sie dafür ein gesondertes Blatt Papier. Beispiel für einen Ablaufplan:*

| Vortragsschritt | Inhalt | Medien | Zeit in Minuten | Bemerkungen |
|---|---|---|---|---|
| Begrüßung | Vorstellung der eigenen Person, Begrüßung des Publikums, Dank für Einladung/für das Kommen | Flipchart S. 1 | 3‘ | Herrn Krämer besonders erwähnen |
| … | … | … | … | … |

# Die Präsentation durchführen

Folgende Tipps können Ihnen helfen, Ihre Vortragstechnik zu verbessern.

**Arbeitstechnik** | **Vortragstechnik**

Sprechen Sie möglichst frei. Ein frei gesprochener Vortrag wirkt lebendiger. Bei starkem Lampenfieber, gerade zu Beginn Ihres Vortrags, wäre es sinnvoll, die Anfangssätze auswendig zu lernen. Sprechen Sie langsam und verständlich in einfachen, kurzen Sätzen, modulieren Sie Ihre Stimmlage (Tonhöhe und Lautstärke), halten Sie Kontakt zum Publikum (Blickkontakt, auf Reaktionen achten). Unterstreichen Sie Ihre Aussagen durch angemessene Gestik und Mimik. Direkte Zwischenfragen zum Thema beantworten Sie sofort, bei komplexeren Fragen verweisen Sie auf später. Um die Vortragszeit besser einhalten zu können, erstellen Sie einen genauen Ablaufplan, eine Art „Drehbuch" mit Zeitangaben (s. u.). Notieren Sie sich Stichpunkte auf durchnummerierte Moderationskarten. Am besten wählen Sie für die einzelnen Gliederungspunkte verschiedene Farben, das erleichtert es Ihnen, den Überblick zu behalten.

Ein Ablaufplan kann Ihnen bei der Koordination von Medien und Sprachanteil Ihres Vortrags helfen.

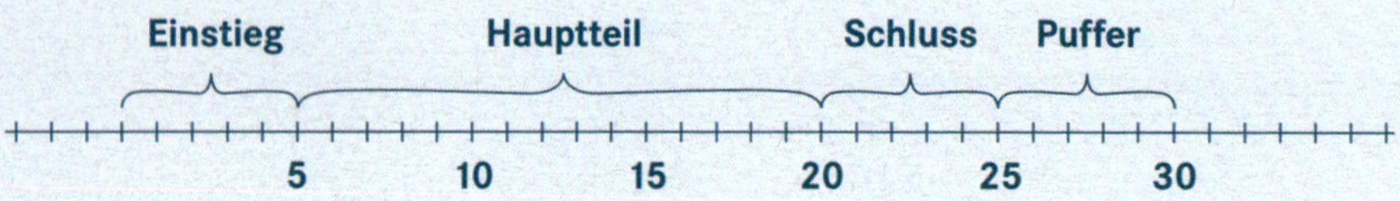


**1** *Erstellen Sie eine Zeitleiste, in der Sie die Dauer der einzelnen Vortragsteile einzeichnen. Anschließend ordnen Sie Ihre Medien den passenden Redebeiträgen zu. Verwenden Sie dazu ein gesondertes Blatt.*

**2** *Tragen Sie Ihre Präsentation einem privaten Publikum vor (Eltern, Freunde), lassen Sie sich begründetes Feedback geben und überarbeiten Sie Ihre Präsentation gegebenenfalls.*

## Das Handout als Unterstützung der Präsentation

Ein Handout informiert die Zuhörer in Kurzform über ausgewählte Inhalte des Vortrags.

**Basiswissen** | **Handout**

Handout, Tischvorlage oder Thesenpapier werden oft synonym als eine Art Sammelbegriff verwendet, obwohl streng genommen Unterschiede bestehen.
- Mehrseitige Informationen werden meist als Tischvorlage bezeichnet, die neben Textanteilen auch Schaubilder, Graphiken und Thesen enthalten darf.
- Ein Thesenpapier gibt die Meinung des Präsentierenden wieder, indem es seine Beurteilungen über ein Thema in thesenartiger Kurzform zusammenfasst.

Das Handout kann vor, während oder nach einem Vortrag verteilt werden. Vor dem Vortrag ausgeteilt, entlastet es die Zuhörer, da sie nicht alles mitschreiben müssen und sich auf den Vortrag konzentrieren können. Nach dem Vortrag ausgeteilt, verhindert es, dass die Aufmerksamkeit der Zuhörer für den Vortrag nachlässt, weil sie das Wichtigste in schriftlicher Form vorliegen haben (Zielgruppenanalyse).

**1** *Ergänzen Sie die folgende Checkliste mit den jeweiligen Angaben für Ihre Präsentation.*

Titel des Vortrags

---

Stichwortartig alle wichtigen Inhalte (bei längeren Präsentationen evtl. mit Gliederung)

---

---

---

---

---

Längere Zitate, Definitionen oder Begriffserklärungen

---

---

Relevante Abbildungen

---

Bibliographie (vgl. S. 94 f.) der verwendeten Literatur

---

---

Ort, Datum

---

Referent

---

Zusätzlich können, je nach Thema, folgende Aspekte enthalten sein:
- eine kurze Darstellung des Themas
- evtl. strittige Thesen oder eigene Hypothesen
- Lösungsvorschläge, Zusammenfassungen oder Schlussfolgerungen
- ein Ausblick

**2** *Entwerfen Sie auf der Grundlage Ihrer Arbeitsergebnisse aus Aufgabe 1 ein übersichtliches und ansprechendes Handout für den von Ihnen vorgestellten Bildungsgang auf einem DIN-A4-Blatt. Wenn das Handout als Infozettel gedacht ist, entfallen Datum, Ort und Referent.*

## Checkliste

**Vorbereitung**

- [ ] Was ist meine Aufgabenstellung/mein Ziel?
- [ ] Wer ist meine Zielgruppe? Was erwarten meine Zuhörer, welches Vorwissen bringen sie mit?
- [ ] Wie viel Zeit steht mir zur Verfügung?
- [ ] Welche Inhalte wähle ich aus?
- [ ] Ist ein Handout sinnvoll/erforderlich?
- [ ] Welche räumlichen und medialen Gegebenheiten stehen mir zur Verfügung?

**Durchführung**

- [ ] Ist mein Einstieg motivierend und weckt er Interesse?
- [ ] Enthält mein Hauptteil alle erforderlichen Informationen?
- [ ] Unterstützen die gewählten Medien meinen Vortrag?
- [ ] Habe ich die Regeln für die formale Gestaltung dabei eingehalten?
- [ ] Fasse ich im Schluss die wichtigsten Punkte nochmals zusammen?
- [ ] Gebe ich einen Ausblick?
- [ ] Entspricht mein Handout den formalen und inhaltlichen Anforderungen?
- [ ] Sind die Moderationskarten beschriftet und nummeriert?

## Revision: Eine Präsentation bewerten

In diesem Kapitel haben Sie die Grundregeln für eine Präsentation kennengelernt. In Ihrer Schule müssen Sie bei vielen Lehrern und in verschiedenen Fächern präsentieren.
Klären Sie vor Ihrer Planung mit dem jeweiligen Prüfer ab, was er von Ihnen erwartet, wo er seine Schwerpunkte bei der Bewertung legt. Transparenz bei den Bewertungskriterien erleichtert dem Präsentierenden und dem Prüfer die Arbeit.

**1** *Entwickeln Sie Kriterien für die Bewertung einer Präsentation mithilfe des „Bewertungsbogens zur Präsentation“ (S. 91).*

*a)* Markieren Sie Aspekte, die Ihnen für die Bewertung wichtig erscheinen.

*b)* Erstellen Sie auf dieser Grundlage einen eigenen Bewertungsbogen.

*c)* Achten Sie dabei auch auf die Gewichtung der einzelnen Punkte.

*d)* Stellen Sie Ihren Entwurf im Plenum zur Diskussion.

*e)* Erstellen Sie gemeinsam mit Ihrem Lehrer/Prüfer einen Bewertungsbogen für Ihre Klasse. So haben Sie Planungssicherheit und wissen, worauf Sie bei Ihrer nächsten Präsentation achten müssen.

## Bewertungsbogen zur Präsentation und zur Nachbesprechung

| **Referent(Inn)en:** | | | | | | | | | |
|---|---|---|---|---|---|---|---|---|---|
| **Beurteilungskriterien** | **Nachkommastellen** | | | | | | | | 2 |
| **1. Handout** | | | | | | | | | |
| | 1 | 2 | 3 | 4 | 5 | 6 | G | 3 | |
| Thema genau formuliert | | | | | | | 1* | | |
| Übersichtlich (Struktur, Gliederung) | | | | | | | 2 | | |
| Wichtige Infos vollständig | | | | | | | 2 | | |
| Wenig Nebensächliches | | | | | | | 2 | | |
| Verständlich | | | | | | | 2 | | |
| Sprachlich korrekt / RZ | | | | | | | 2 | | |
| Umfang wie abgesprochen | | | | | | | 1 | | |
| Quellen angegeben | | | | | | | 1 | | |
| **1. Handout** | | | | | | | | **Note** | |
| **2. Präsentation** | | | | | | | | | |
| **2.1 Präsentation – Einleitung** | 1 | 2 | 3 | 4 | 5 | 6 | G | 6** | |
| Thema vorgestellt | | | | | | | 1 | | |
| Ziel verdeutlicht | | | | | | | 3 | | |
| Vorkenntnisse beachtet | | | | | | | 2 | | |
| Ablauf, Inhalt vorgestellt | | | | | | | 3 | | |
| Bedeutung des Themas | | | | | | | 2 | | |
| **2.2 Präsentation – Hauptteil** | 1 | 2 | 3 | 4 | 5 | 6 | G | | |
| Logischer Aufbau | | | | | | | 5 | | |
| Überzeugend und verständlich | | | | | | | 5 | | |
| Nur Wesentliches | | | | | | | 3 | | |
| Spannend und interessant | | | | | | | 2 | | |
| **2.3 Präsentation – Zusammenfassung** | 1 | 2 | 3 | 4 | 5 | 6 | G | | |
| Kernaussagen und Schlüsse | | | | | | | 5 | | |
| Dank an die Zuhörer | | | | | | | 2 | | |
| Zu Fragen aufgefordert | | | | | | | 2 | | |
| Im zeitlichen Rahmen | | | | | | | 3 | | |
| **2. Präsentation** | | | | | | | | **Note** | |
| **3. Medieneinsatz/Optik** | | | | | | | | | |
| | 1 | 2 | 3 | 4 | 5 | 6 | G | 2 | |
| Medien passend | | | | | | | 2 | | |
| Lesbarkeit (Schriftgröße/RZ) | | | | | | | 2 | | |
| Layout (optischer Gesamt-Eindruck) | | | | | | | 2 | | |
| Sinnvolle Effekte | | | | | | | 2 | | |
| Sinnvolle bildliche Ergänzungen | | | | | | | 2 | | |
| Freier Blick zu Medien | | | | | | | 2 | | |
| **3. Medieneinsatz / Optik** | | | | | | | | **Note** | |
| **4. Verhalten** | | | | | | | | | |
| | 1 | 2 | 3 | 4 | 5 | 6 | G | 2 | |
| Stimme (laut, nicht monoton) | | | | | | | 3 | | |
| Fachsprache / Tempo / Pausen | | | | | | | 3 | | |
| Körpersprache | | | | | | | 3 | | |
| **4. Verhalten** | | | | | | | | **Note** | |
| **5. Nachbesprechung** | | | | | | | | | |
| | 1 | 2 | 3 | 4 | 5 | 6 | G | 3 | |
| Selbsterarbeitete Hintergrundinfos | | | | | | | 5 | | |
| Fragen fachlich richtig beantwortet | | | | | | | 5 | | |
| Verständlichkeit | | | | | | | 5 | | |
| **5. Nachbesprechung** | | | | | | | | **Note** | |
| **Gesamtnote** | | | | | | | | **Note** | |

* Gewichtung der einzelnen Punkte

** Gewichtung dieses Bereichs für die Gesamtnote, kann der jeweiligen Präsentation angepasst werden, z. B. wird bei einer Präsentation ohne Handout 0 eingefügt

# KAPITEL 9

# Zitieren und Bibliographieren

## Zitieren

Zitieren kann man auf zweierlei Art, entweder durch die wörtliche Übernahme eines Zitates oder durch dessen Paraphrase (sinngemäße Wiedergabe mit eigenen Worten). Beim wissenschaftlichen Arbeiten, z. B. bei Textanalysen und -interpretationen, Facharbeiten oder Referaten, muss jede direkte und indirekte Übernahme fremden geistigen Eigentums eindeutig als solche gekennzeichnet werden.

**Basiswissen** **Zitierregeln I**

- Anfang und Ende eines Zitates gehören in Anführungszeichen: „ ... “.
  *„Er schaute mich an. Ich hätte gerne gewusst, wie er darüber dachte, aber sein Gesichtsausdruck war unergründlich. Wie sollte ich jetzt entscheiden?“*
- Direkte Rede oder Zitate im zitierten Text werden mit halben Anführungszeichen gekennzeichnet: ‚ ... ‘.
  *„Auf dem Gang kam ihm der Arzt aus dem Zimmer der Mutter entgegen. ‚Sie schläft jetzt‘, sagte er.“*
- Wenn man einen zusammenhängenden Text nicht vollständig zitiert, müssen die Auslassungen mit rechteckigen Klammern und drei Auslassungspunkten gekennzeichnet werden: *[...]*.
  *„‚Das glaubst du doch selbst nicht‘, sagte sie, [...] und trank ihren Kaffee aus.“*

**1** ***Wandeln Sie das erste Zitat im Basiswissen dahingehend um, dass Sie***

*a)* einen Teil des Satzes weglassen.

______________________________

*b)* eine von Ihnen formulierte direkte Rede einfügen.

______________________________

**Basiswissen** **Zitierregeln II**

- Wenn zum besseren Verständnis einer Textstelle Erläuterungen eingefügt werden müssen, werden sie wie folgt kenntlich gemacht: *[Erläuterung, d. Verf.]. (der Verf. = der Verfasser)*
  *„Er [der Chef, d. Verf.] war schon fort.“*
- Längere Textpassagen können auch in Form von indirekter Rede zitiert bzw. referiert werden. Orginalzitat: *„Was sich hier anbietet, das ist Leben, das sind Zusätze zu meinem eigenen Leben, die darauf warten, in Gebrauch genommen zu werden.“ (Skjonsberg 2007, S. 190)* → Paraphrase: *Nils sagte, was er dort angeboten bekomme, das sei Leben, das seien Zusätze zu seinem eigenen Leben, die darauf warteten, in Gebrauch genommen zu werden.*

**Tipp**
Zitate müssen auch bei orthographischen Besonderheiten oder merkwürdiger Interpunktion originalgetreu übernommen werden.

**2** *Zitieren Sie den folgenden Textauszug sinngemäß. Verwenden Sie ein gesondertes Blatt.*

Er war mein Sohn, mein einziger. Ich begreife es nicht. Sie gehen durchs Haus und flüstern viel, seine Mutter und seine Schwester. Wenn ich heimkomme, verstummen sie. [...]

[...] Edi war mein Junge, viel zu ernst sogar für sein Alter, und er war es von Kind an, ich habe ihn nur selten lachen gesehen, denn, obwohl es schien, als flatterte er jedem Winde nach, war er doch jedes Mal mit einem Ernst am Werk, der mich besorgt und ihn besessen machte. [...]

**Tipp**
Bei sinngemäßen Zitaten darf der Sinn der zitierten Ausführungen nicht entstellt werden. Beim sinngemäßen Zitieren wird die Abkürzung „vgl. S. X" hinter die Paraphrase gesetzt.

**3** *Ein Schüler hat aus der Kurzgeschichte „Eduard" (S. 50–53) in seiner Textanalyse die o. a. Textstellen zitiert und paraphrasiert. Dabei sind ihm einige Fehler unterlaufen. Korrigieren Sie diese auf einem gesonderten Blatt.*

Schülerzitat: „Er (Eduard) war mein Sohn, mein einziger. Ich [der Vater] begreife es nicht. Sie gehen durchs Haus und flüstern viel, seine Mutter und seine Schwester. Wenn ich heimkomme, verstummen sie (Mutter und Tochter). [...]"

Schülerparaphrase: Die Mutter meinte, dass Edi ein ernster Junge gewesen sei, viel zu ernst sogar für sein Alter, und er war es von Kind an, sie habe ihn nur selten lachen gesehen, denn, obwohl es schien, als flattere er jedem Winde nach, war er doch jedes Mal mit einem Ernst am Werk, der ihr Sorgen bereitete.

## Basiswissen | Kennzeichnung von Zitaten

- Es gibt zwei Möglichkeiten, Zitate zu kennzeichnen. Im ersten Fall schließt man den Verweis auf das Zitat in Klammern an das Zitat an: *(Friedrich 2008, S. 16)*. Im zweiten Fall platziert man diese Information in einer Fußnote.
- Wenn im eigenen Text auf einer Seite mehr als einmal auf den gleichen Titel verwiesen wird, können statt einer erneuten Nennung des Titels die Hinweise: *„vgl. ebd."* (ebd. = ebenda) oder *„vgl. a. a. O."* (am angeführten Ort) verwendet werden. Für längere Textstellen kann man statt *S. 15–19* auch *S. 15 ff.* (folgende Seiten) angeben. Folgt nur eine Seite (S. 15–16) schreibt man: *S. 15 f.*
- In einer Textanalyse oder -interpretation genügt in der Regel bei mehrseitigen Texten die genaue Angabe der Seite: z. B. *(S. 4)*.
- Bei Gedichten gibt man die Strophe und die Verszeile an: z. B. *(V. 3, 7)*.
- Bei Texten mit einer Seite Umfang verweist man nur auf die Zeile: z. B. *(Z. 24)*.
- Bei dramatischen Texten fügt man außer der Seiten- und/oder Versangabe auch eine Angabe zum Akt und zur Szene an. Diese Angaben werden im Anschluss an das Zitat in Klammern gemacht: z. B. *(vgl. II. Akt, 2. Sz., S. 98, V. 12)*.
- Für Zitate aus dem Internet gelten dieselben Regeln wie für Zitate aus den Printmedien, es entfällt lediglich die Seitenangabe und der Abruf wird ergänzt (Datum, evtl. Uhrzeit): (**schulz-von-thun, Abruf** 14.04.2009).

**Tipp**
Bei Zitaten aus dem Internet muss man besonders auf die Seriosität der Quellen achten. Viele Prüfer akzeptieren keine Zitate oder Informationen aus Online-Datenbanken, wie z. B. „wikipedia".

# Bibliographieren

Eine Bibliographie ist ein Literaturverzeichnis, d. h. eine Liste von Büchern und Schriften, die für das Verfassen eines Referates oder einer Facharbeit benutzt wurden.

**Basiswissen 1** | **Bibliographie**

Grundlegend unterscheidet man zwischen Primär- und Sekundärliteratur.

- Primärliteratur ist die Original-Quelle, mit der man arbeitet, z. B. ein Drama oder Roman: *Dürrenmatt, Friedrich: Die Physiker. Eine Komödie in zwei Akten. Neufassung 1980. Zürich: Diogenes 1985*
- Sekundärliteratur sind Aussagen von Experten über die Original-Quelle (z. B. Lektürehilfen): *Feuchert, S. u. Hofmann, L.: Lektüreschlüssel zu Schlink: Der Vorleser. Stuttgart: Reclam 2005*
- Die verwendete Literatur wird alphabetisch nach dem Nachnamen der Autoren sortiert. Werden mehrere Werke des gleichen Autors benutzt, nimmt man zusätzlich eine chronologische Ordnung (2007, 2008 etc.) vor. Werke eines Autors des gleichen Jahrgangs kennzeichnet man mit a, b, ...
  *Alt, Peter-André: Schiller. Leben – Werk – Zeit, 2 Bde. München: Beck 2004 (a), 2. Auflage*
  *Alt, Peter-André: Friedrich Schiller. München: Beck 2004 (b)*
  *Andersch, Alfred: Der Vater eines Mörders. Zürich: Diogenes 1980*
  *Bayer, Klaus: Argument und Argumentation. Logische Grundlagen der Argumentationsanalyse. Opladen/Wiesbaden: Westdeutscher Verlag 1999*

**Tipp**
Durch den Vergleich des in der Bibliographie angegebenen Originaltextes mit den zitierten Auszügen können Sie als Leser überprüfen, ob ein Zitat aus dem Zusammenhang gerissen wurde oder durch Auslassungen einen anderen Sinn bekommen hat. Weiterhin können Sie jede direkte und indirekte Übernahme fremden geistigen Eigentums eindeutig als solche erkennen.

**1** *Sie haben Informationen der S. 93 zitiert. Fertigen Sie eine Literaturangabe für ihr Literaturverzeichnis an.*

______________________________

______________________________

**2** *Untersuchen Sie mithilfe des Textquellenverzeichnisses dieses Heftes (S. 96), wie Artikel in Zeitungen bibliographiert werden. Wählen Sie dann einen Artikel Ihrer Tageszeitung aus und bibliographieren Sie ihn entsprechend.*

______________________________

______________________________

## Auf Bildquellen verweisen

**Basiswissen 2** | **Bibliographie Abbildungen**

Bei aufwändigen Arbeiten, die auch Bilder und Grafiken enthalten, ist es sinnvoll, ein separates Abbildungsverzeichnis anzulegen. Zur besseren Auffindbarkeit gibt man hier die Quellen nicht alphabetisch, sondern nach den fortlaufenden Seitenzahlen an.
*S. 30: Interfoto München; S. 45: Ullstein Bild GmbH; S. 63: Neue Westfälische, Bielefeld*

## Auf Internetquellen verweisen

Bei der Recherche im Internet muss man darauf achten, ob der Veröffentlichende auch der Verfasser ist und ob die verwendeten Quellen seriös sind.

**Basiswissen 3** | **Internetquellen**

Wenn der Verfasser zweifelsfrei feststeht, kann die Angabe alphabetisch eingeordnet werden. Ist dies nicht der Fall oder gibt man sehr viele Angaben aus dem Internet an, kann es sinnvoll sein, auch hierfür ein separates Verzeichnis anzulegen. Zusätzliche Angaben für Zitate aus dem Internet: Name des Autors/Herausgebers (wenn vorhanden) und/oder der Dateititel (wenn vorhanden), Erscheinungsjahr des zitierten Textes (wenn vorhanden), Angabe der vollständigen Webadresse (URL) und des Downloaddatums (manche Prüfer verlangen auch die Uhrzeit des Abrufs).

*Aktives Zuhören. Die Kunst des Zuhörens. http://www.soft-skills.com/glossar/aktiveszuhoeren.php [Abruf 16.04.2009, 15.32 Uhr]*

*Das Weib an den Geliebten. Aus: Die Tegernseer Liebesbriefe Wernher des Mönchs. http://gutenberg.spiegel.de/?id=5&xid=4084&kapitel=1#gb_found, Z. 1–2 [Abruf 14.04.2009]*

# Revision: ein Literaturverzeichnis überarbeiten

In diesem Literaturverzeichnis ist einiges falsch. Korrigieren Sie die vorhandenen Fehler unter Zuhilfenahme der Basiswissen 1–3.

### Literaturverzeichnis

Heller, Eva: Wie Werbung wirkt: Theorie und Tatsachen/ Fischer Taschenbuch Verlag, S. 107 f, Frankfurt a. M. 1996.

Hahn, Ulla (2007): Unscharfe Bilder, dtv, München, 3. Auflage, S. 30

Das Deutschbuch für Berufsfachschulen. Arbeitsheft. Schulz-Hamann, M. (Hrsg.): Cornelsen, Berlin 2008, 1. Auflage

Treiber, Jutta: RAZ COM. In: http://www.juttatreiber.com/buecher/textproben.htm, Abruf 14.04.2009

Literaturverzeichnis

**Textquellen: S. 6:** Benjamin, Walter / Zucker, Wolf: *Gehaltserhöhung?! Wo denken Sie hin!* Aus: W. B.: Gesammelte Schriften III. Frankfurt a. M.: Suhrkamp 1972, S. 219 ff. **S. 14–16:** Leyen, Ursula van der: *Rede zur Eröffnungskonferenz für das Europäische Jahr der Chancengleichheit für alle 2007 am 30. Januar, Berlin.* Aus: http://www.bmfsfj.de/Kategorien/Presse/reden,did=93442.html [Abruf: 16.06.2009] **S. 22–23:** Kästner, Erich: *Über das Verbrennen von Büchern.* Das große Erich Kästner Lesebuch. Hg. von Silvia List. München: dtv 1999. S. 234 ff. **S. 24–25, S. 31–31:** Hitzlsperger, Thomas: *20-jährige Millionäre - das ist nicht gerecht.* Aus: http://www.zeit.de/online/2009/20hitzlsperger-geld [Abruf: 14.06.2009] **S. 31:** Große-Halbuer, Andreas: *Warum Leistungsträger auswandern.* Aus: http://www.wiwo.de/politik-weltwirtschaft/warum-die-leistungsträger-auswandern-297877/ [Abruf: 12.06.2009] **S. 36–37:** Offenbach, Susanne: *Neue Analphabeten.* Aus: Sonntag Aktuell, 26.04.2009, S. 7 **S. 48:** Gröhe, Hermann: *Betonieren „Tafelbewegung" und Suppenküchen die Armut in Deutschland, wie ein Soziologe behauptet. Ein Widerspruch.* Aus: chrismon, April 2009, S. 10 **S. 50–53; S. 91:** Schallück, Paul: *Unser Eduard.* Aus: Deutsche Erzähler der Gegenwart. Eine Anthologie. Hg. von Willi Fehse. Stuttgart: Reclam 1959, S. 273 ff. **S. 61:** Spinnen, Burkhard: *Ente Orange.* Aus: B. S., Der Reservetorwart, Geschichten. Frankfurt a. M.: Schöffling 2004, S. 178 f. **S. 62:** Kaléko, Mascha: *Das graue Haar.* Aus: M. K., Verse für Zeitgenossen. Reinbek: Rowohlt Taschenbuch 2008, S. 36 f. **S. 65:** Opitz, Martin: *Einer Jungfrawen Klage vber nahendes Alter.* Aus: Gedichte und Interpretationen: Renaissance und Barock. Stuttgart: Reclam 2001 **S. 67:** Domin, Hilde: *Unaufhaltsam.* Aus: H. D., Rückkehr der Schiffe. Gedichte: Frankfurt a. M.: S. Fischer 1962, Neudruck 1994, Neuauflage 2003 **S. 68–70; S. 72–73:** Dürrenmatt, Friedrich: *Die Physiker* (Auszug). Aus: F. D., Werkausgabe in 37 Bänden. Bd. 7. Zürich: Diogenes 1998, S. 825 ff..; S. 856 f. **S. 75:** Schmidt, Helmut: *Gesellschaftliche Moral des Wissenschaftlers.* Aus: DIE ZEIT, Nr. 25, 18.06.1982 **S. 79:** Kipphardt, Heinar: *In der Sache J. Robert Oppenheimer.* Frankfurt a. M.: Suhrkamp 1962, S. 67 f.

**Bildquellen: Einband:** Getty Images/Jeff Gross; **S. 5:** PictureAlliance/dpa; **S. 14:** PictureAlliance/dpa/Karlheinz Schindler; **S. 18:** Fotofinder/F1online/Culturalmages; **S. 22:** PictureAlliance/dpa/Goebel; **S. 26:** PictureAlliance/dpa; **S. 36:** PictureAlliance/dpa; **S. 46:** Shutterstock Images; **S. 48:** Fotofinder/Argus/Mike Schroeder; **S. 50:** AKG; **S. 62:** Rowohlt Verlag; **S. 68:** Cinetext; **S. 75:** PictureAlliance/Fabian Bimmer; **S. 79:** PictureAlliance/dpa;